U0959822

权威·前沿·原创

皮书系列为
“十二五”“十三五”国家重点图书出版规划项目

马来西亚蓝皮书

BLUE BOOK OF MALAYSIA

马来西亚发展报告（2019）

ANNUAL REPORT ON DEVELOPMENT OF MALAYSIA (2019)

北京外国语大学马来研究中心
主　编／吴宗玉　翟　崑

社会科学文献出版社
SOCIAL SCIENCES ACADEMIC PRESS (CHINA)

图书在版编目（CIP）数据

马来西亚发展报告. 2019 / 吴宗玉，翟崑主编. --
北京：社会科学文献出版社，2019. 11
（马来西亚蓝皮书）
ISBN 978 -7 -5201 -5800 -8

Ⅰ. ①马…　Ⅱ. ①吴…　②翟…　Ⅲ. ①马来西亚 - 研
究报告 - 2019　Ⅳ. ①D733. 8

中国版本图书馆 CIP 数据核字（2019）第 252696 号

马来西亚蓝皮书
马来西亚发展报告（2019）

主　　编 / 吴宗玉　翟　崑

出 版 人 / 谢寿光
组稿编辑 / 张晓莉　叶　娟
责任编辑 / 叶　娟

出　　版 / 社会科学文献出版社 · 国别区域分社（010）59367078
地址：北京市北三环中路甲 29 号院华龙大厦　邮编：100029
网址：www. ssap. com. cn
发　　行 / 市场营销中心（010）59367081　59367083
印　　装 / 天津千鹤文化传播有限公司

规　　格 / 开　本：787mm × 1092mm　1/16
印　张：14. 5　字　数：185 千字
版　　次 / 2019 年 11 月第 1 版　2019 年 11 月第 1 次印刷
书　　号 / ISBN 978 -7 -5201 -5800 -8
定　　价 / 128. 00 元

北京外国语大学区域与全球治理高等研究院
“区域和国别研究蓝皮书系列”

马来西亚蓝皮书编委会

主　　编　吴宗玉　翟　崑

编委会成员　陈戎轩　傅聪聪　康　敏　孔金磊　孔　涛
廖博闻　骆永昆　米　良　〔马来西亚〕饶兆斌
翟　崑　张静灵　〔马来西亚〕朱崇彰

主要编撰者简介

吴宗玉 北京外国语大学教授，北京外国语大学马来研究中心主任。获国务院政府特殊津贴，获马来西亚政府授予马中友好贡献奖、国际马来语杰出贡献奖和马来亚大学文学名誉博士。主要研究领域为马来西亚国情。出版专著《中国史书中的文莱》、译著《马哈蒂尔演讲集》《中马友谊之歌》等。长期积极开展民间交流，积极推动中国与马来西亚、文莱的教育文化交流。

翟　崑 北京大学国际关系学院国际政治系教授、博士生导师；北京大学区域与国别研究院副院长、全球互联互通研究中心主任。主要研究领域有东南亚、亚太、世界政治和国际战略问题，以及中国的国际化战略、“一带一路”等。曾任中国现代国际关系研究院世界政治研究所所长（2011～2014）、南亚东南亚及大洋洲研究所所长（2008～2011），研究员。长期从事全球、周边地区及国别（尤其是东南亚和大洋洲地区）的综合研究和科研管理。为东盟地区论坛（ARF）中方专家名人、中国东南亚研究会副会长、中国外交学会理事，以及泛北部湾经济合作中方专家组成员、中国－东盟博览会高级顾问。

摘　要

马来西亚是东南亚的重要大国。自 1946 年成立以来，巫统（马来民族统一机构）领导的执政联盟（马华印联盟党、国民阵线）在马来西亚执政 60 余年。1974 年后，以国民阵线为核心的政党体制逐渐完善，具有马来西亚特色的政治民主成型。巫统因此成为马来西亚最具影响力的政党，但以巫统为核心的一党独大的政治体制在马来西亚引发了广泛议论。自 20 世纪 90 年代以来，马来西亚出现了反对国民阵线的反对派联盟，较有影响力的如替代阵线和人民联盟等。反对派联盟的兴起和发展给巫统的执政带来了较大的压力。2003 年 10 月，强势领导人马哈蒂尔下台后，反对派联盟在马来西亚政治舞台上的作用越来越突出。2008 年、2013 年两届大选显示，巫统领导的国民阵线得票率和所获的国会席位数受到前所未有的挑战，这使得 2018 年大选成为各方关注的焦点。2015 年后，随着“一个马来西亚有限公司”的腐败丑闻曝光，马来西亚国内政治斗争加剧，朝野各党分化组合，新的反对派联盟希望联盟成立，纳吉布总理面临 2009 年执政以来的最严峻挑战。2017 年以来，巫统与希望联盟的博弈进入白热化。反对派最终在 2018 年大选中获胜，执政 60 余年的巫统倒台。马哈蒂尔再次当选马来西亚总理。这是马来西亚历史上首次出现政府改朝换代。

马来西亚政局的变化无疑引发人们对中马关系的关注。马来西亚是中国在东南亚的最重要战略伙伴之一。自 1974 年建交以来，中马在政治、经济、安全、社会文化各领域的合作全面加强。2013 年，中马建立全面战略伙伴关系，两国在“一带一路”倡议框架下的合作不断取得重要进展。关丹产业园、钦州产业园、东海岸铁路、南部铁路、碧桂园森林城市、马六甲皇京港等重大项目已经成为当今中马友好合作的重要标志。中马关系成为中国与周边国家合作的典范。然而，巫统的倒台使得中马关系面临新的变数。马哈蒂尔新政府如何发展成为马来西亚外交中的重大战略问题。本报告以马来西亚国内政治、经济、安全、外交、社会文化、中马关系的发展现状为研究重点，探讨2017年以来马来西亚内政外交的新局势与新变化，并对未来马来西亚内政外交局势及中马关系的发展前景进行预测和分析。

本报告分为总报告、分报告、专题报告、中马关系篇、专家论坛及附录等几部分。总报告阐述2017～2018年马来西亚政治、经济、外交发展的总趋势与总特点；分报告对马来西亚的政治、经济、外交进行重点探讨和分析；专题报告主要就马来西亚旅游业发展、马来西亚的种族政治进行研究；中马关系部分主要探讨2017年以来中马合作的现状和趋势等；专家论坛部分重点探讨马来西亚政治变迁及中马关系；附录部分为2017～2018年马来西亚大事记。

关键词： 马来西亚　政治形势　经济形势　中马关系

前　言

《马来西亚发展报告（2019）》是由北京外国语大学马来研究中心牵头、组织国内外知名专家学者编写的蓝皮书，是我国出版的第一本关于马来西亚的蓝皮书。

中马友好源远流长。600 多年前郑和七下西洋，五次登陆马六甲，不仅增进了中国与马来西亚的友好交往，也将古代“海上丝绸之路”的发展推向了巅峰。1974 年中马建交，马来西亚成为东盟第一个与中国建交的国家。2013 年，习近平主席对马来西亚进行国事访问，两国领导人一致同意将中马“战略合作关系”提升为“全面战略伙伴关系”。如今，中国提出建设中国—东盟命运共同体、共建“丝绸之路经济带”和“21 世纪海上丝绸之路”等重大倡议，这让作为“海上丝绸之路”支点国家的马来西亚显得尤为重要，成为“21 世纪海上丝绸之路”沿线的重要国家和国际产能合作的重要伙伴。

中马两国在经贸方面优势互补、互利共赢。我国的“一带一路”倡议与马来西亚的国家转型战略对接，为两国务实合作拓展了更广阔的空间。越来越多的中国优秀企业进入马来西亚市场，助力中马两国经济的可持续发展。截至 2018 年，中国已连续 9 年成为马来西亚最大贸易伙伴，并已成为其制造业最大的外资来源地、房地产的最大投资者，以及工程总承包最主要的合作方。中马两国双边合作不断深化，在联合国、东盟等国际和地区组织中也保持了良好的协调与配合，中马关系走在中国与东盟国家关系的前列。

2018 年 5 月 9 日，马来西亚举行第 14 届全国大选，92 岁的前总理马哈蒂尔参选获胜，再次出任总理。马哈蒂尔上任不久就公开表态支持“一带一路”倡议并欢迎中资来马，表示马来西亚新政府将继续致力于加强马中合作，推动两国合作继续向前发展。马哈蒂尔首次担任马来西亚总理期间（1981～2003年），中马关系发展良好。衷心希望马哈蒂尔此次总理任内，继续致力于加强同中国在政治、经贸、教育文化等领域的全方位合作，促进中马关系迈上新台阶。

当今世界正发生前所未有之大变局，我国正处于快速发展的关键阶段，中国特色社会主义进入新时代。今日中国前所未有地走近世界舞台的中央，前所未有地接近实现中华民族伟大复兴的梦想。自2013年我国提出“一带一路”倡议以来，得到沿线60多个国家的响应。以“一带一路”合作倡议为代表的外交构想和实践，需有高质量的智库支持。因此，各行各业，特别是各高校、各研究机构应主动承担起对“一带一路”沿线国家和地区的研究，为增进我国与“一带一路”沿线各国的相互了解及友好往来做出应有的贡献。

1997年，在中马两国教育部的支持下，北外成立马来语教学中心。2005年，马来语教学中心更名为马来研究中心（以下简称马研中心）。马研中心成立20多年来，除自觉、主动在教学理念上改革创新外，还积极推动中马教育文化交流，且取得一定的成效。面对新的国内外形势，在北京外国语大学、社会科学文献出版社的大力支持下，在国内外专家学者的共同努力下，北外马研中心再接再厉，创新国别研究工作，力争将马来西亚的国别研究做得更好、更精准，继续为促进中马友谊做出贡献。

《马来西亚发展报告（2019）》包括总报告、分报告、专题报告、中马关系篇、专家论坛及附录，全面介绍2018年马来西亚大选，马来西亚的政治、经济、外交及“一带一路”框架下中马关系的最新发展态势。本书作者除来自北京外国语大学、北京大学、中国现代国际关系研究院等国内权威的马来西亚研究机构外，还有来自马来西亚马来亚大学的专家学者。本书的部分作者精通马来语，掌握第一手资料，并长期跟踪研究马来西亚形势，对其内政外交情况较为熟悉。本书的出版将为国内高校、研究机构的专家学者提供一个发表真知灼见的平台，为各高校、各研究机构以及广大民众了解马来西亚国情、中马关系等提供内容全面、信息准确的研究资料，为“一带一路”倡议的实施和中国企业“走出去”提供资讯，为国家制定政策提供决策参考。

在此，感谢北京外国语大学的校领导、北京外国语大学区域与全球治理高等研究院的大力支持。感谢所有参与策划、筹备、编写工作的国内外专家学者的大力支持。本书由中国现代国际关系研究院马燕冰研究员统稿编辑，在此表示感谢。由于他们的支持，《马来西亚发展报告（2019）》在马研中心人手极其匮乏的情况下，得以顺利出版。感谢社会科学文献出版社国别区域分社张晓莉社长在本书出版过程中给予的热情帮助和大力支持。

吴宗玉

2019 年 5 月于北京外国语大学

目　录

Ⅰ　总报告

Ⅱ　分报告

Ⅲ　专题报告

Ⅳ 中马关系篇

Ⅴ 专家论坛

Ⅵ 附录

皮书数据库阅读**使用指南**

总 报 告

General Report

B.1
2018年马来西亚：大选改朝换代

骆永昆 *

摘 要： 2017 年是马来西亚历史上的关键一年，朝野主要政党围绕 2018 年大选展开激烈争夺。纳吉布总理强势打压党内异己，进一步巩固在巫统的领导地位，并推出以争取民心为主的财政预算，争取选票。前总理马哈蒂尔、前副总理慕尤丁退出巫统，组建“马来西亚土著团结党”，并加入反对派联盟“希望联盟”，炒作纳吉布腐败丑闻，目标直指 2018 年大选。马哈蒂尔被推举为反对派领导人和总理候选人，成为纳吉布的强有力竞争者。2018 年 5 月 9 日，第 14 届全国大选举行，马

* 骆永昆，博士，中国现代国际关系研究院副研究员，主要研究方向为印度尼西亚、马来西亚、东盟及亚太安全。

哈蒂尔领导的希望联盟最终获得113个国会席位，击败了纳吉布领导的国民阵线。马来西亚政府首次出现政权更迭。

关键词： 马来西亚　马哈蒂尔　希望联盟　巫统

马来西亚位于东南亚的中心地带，是东南亚国家中政局较为稳定、经济较为发达的国家。然而，自2017年以来，随着前总理马哈蒂尔与时任总理纳吉布的矛盾公开化，马来西亚政治斗争进入白热化，政局日益复杂、微妙。2018年全国大选是纳吉布政府执政生涯最具挑战性的选举。5月10日，反对派希望联盟赢得大选，92岁高龄的马哈蒂尔再度当选总理，马来西亚历史翻开新的一页。

一　大选前的政治斗争

马来西亚是多民族国家，马来人、华人和印度人是三大主要族群，其中又以马来人和华人的关系最为敏感和重要。马来西亚的政治格局正是建立在马、华、印三大族群关系的基础之上。马来人主要政党“马来民族统一机构”（巫统）领导的国民阵线为执政联盟，马华公会、印度人国大党等华人、印度人主要政党参与执政。历史上，马来人与华人的矛盾曾是主导马来西亚政局发展的主要矛盾。但自1998年“安瓦尔事件”后，马来人之间的内斗开始成为影响马来西亚局势发展的主要因素，并一直持续至今。2017年，马来西亚政局发展的突出矛盾表现为两位重量级人物即前总理马哈蒂尔和时任总理纳吉布的较量。

实际上，二人之间的斗争早在2009年纳吉布接任总理之后就已经开始，2013 年纳吉布连任后，两人的矛盾进一步凸显。马哈蒂尔指控纳吉布牵涉“一个马来西亚有限公司”7 亿美元腐败案，要求纳吉布辞职下台，此事件一度在马来西亚政坛掀起轩然大波。2016 年 2 月，马哈蒂尔与妻子一同退出巫统，与纳吉布针锋相对。随后，马哈蒂尔组建“马来西亚土著团结党”（Parti Pribumi Bersatu Malaysia），并亲自担任该党实权主席（Chairman），被纳吉布开除出内阁的前副总理慕尤丁担任主席（President）。[①] 马哈蒂尔的儿子慕克力·马哈蒂尔担任署理主席（Deputy President）。2017 年 3 月，土著团结党正式加入反对派联盟希望联盟。希望联盟从 3 党扩大为 4 党，实力进一步壮大，成为国民阵线强有力的挑战者。马哈蒂尔成为希望联盟的实权主席，人民公正党主席、前副总理安瓦尔的妻子万·阿齐扎担任希望联盟主席，而在狱中服刑的安瓦尔则是希望联盟的实权领导人（de facto leader）。[②] 马哈蒂尔领导希望联盟后，继续对纳吉布政权发起猛烈抨击，甚至进行人身攻击。他批评纳吉布不关爱马来人。马哈蒂尔举例说：“纳吉布认为，对马来人而言，如果 100 或 200 林吉特被偷，他们能明白。如果 1 只鸡被偷，他们也能明白。但如果上百万的钱被偷，马来人根本数不过来，因为马来人没见过上百万的资金。”[③] 在马来西亚这样一个马来人占主流的社会中，马哈蒂尔指责纳吉布欺骗马来人如同晴天霹雳，令广大马来人感到震撼。不仅如此，马哈蒂尔还指责纳吉布与中国签署的森林城市、马六甲皇京港、东海岸铁路等重大合作项目是为了短期政治利益，“出让国家主权”。马哈蒂尔认

① 一个政党有两个主席（Chairman，President），这在马来西亚历史上较为少见。土著团结党加入希望联盟后，希望联盟也出现了两个主席的情况，一度引起非议。

② Kamles Kumar, Dr M is Pakatan chairman, Dr Wan Azizah made president, July 14, 2017, http://www.themalaymailonline.com/malaysia/article/dr-m-is-pakatan-chairman-dr-wan-azizah-made-president#TuD2OJ1IwguKSM8l.97（访问时间：2018 年 1 月 10 日）。

③ Najib tidak sayang Melayu, kata Mahathir, 30 Dis 2017, https://www.malaysiakini.com/news/407062（访问时间：2018 年 1 月 10 日）。

为，森林城市项目就是外国人拿钱来马来西亚买地、发展城镇并在此居住，这对马来西亚没有一点好处。国家最宝贵的土地将被外国人拥有，柔佛将变成外国人的土地，这与在外国商人和马来西亚民众之间建立一个和谐社区的原则相违背。[①]

马哈蒂尔将矛头对准纳吉布，其直接目的是希望夺取国家政权，并着力扶植其儿子慕克力上位。实际上，马哈蒂尔在2003年10月下台后，仍然一直关注政局，不仅炮轰其继任者阿卜杜拉·巴达维总理，还强势退出巫统，向巴达维逼宫，巴达维最终于2009年提前让位。纳吉布上台后，马哈蒂尔攻势不减，从此前的“一个马来西亚有限公司”腐败案，到如今的“出卖国家主权论”，马哈蒂尔无疑是想将纳吉布拉下马。马哈蒂尔虽然已经92岁，年事已高，但仍有较高威望。马哈蒂尔的“倒纳言论”在国内掀起了一股较强的反政府浪潮，对纳吉布政权和即将到来的全国大选带来了较大的不确定性。纳吉布在无奈之中，果断对马哈蒂尔等反对派采取了强有力的反制措施。一方面，纳吉布下令彻查马来西亚央行在20世纪90年代初期炒汇失败，导致100亿美元亏损的案件。此案件涉及时任总理马哈蒂尔及时任财政部长安瓦尔。[②] 政府为此专门成立皇家委员会展开调查。皇家委员会建议警方调查马哈蒂尔、安瓦尔、时任央行董事长、国家审计局和财政部。但反对派指出，此举旨在“整垮”马哈蒂尔和安瓦尔，民众不应对皇家委员会的建议太认真。[③] 一旦央行炒汇事件查

① Farhan Darwis, Kepala bapak kau dakwa saya jual kedaulatan negara, tempelak Najib, November 5, 2017, http://www.freemalaysiatoday.com/category/bahasa/2017/11/05/kepala-bapak-kau-dakwa-saya-jual-kedaulatan-negara-tempelak-najib/（访问时间：2018年1月8日）。

② Mahathir Mohamad suspects political motive in Malaysian forex inquiry, August 8, 2017, https://www.ft.com/content/1aaffe22-7c23-11e7-ab01-a13271d1ee9c（访问时间：2018年1月8日）。

③ Noel Achariam, Dr Mahathir, Anwar clear targets of forex RCI, say activists, 1 December 2017, http://www.themalaysianinsight.com/s/25527/（访问时间：2018年1月8日）。

实，马哈蒂尔和安瓦尔恐难辞其咎。另一方面，纳吉布开始强力打压马哈蒂尔创立的土著团结党。2017 年 11 月，马来西亚社团注册局（ROS）以仅有 12 位高官参会为由，拒绝承认 2016 年 11 月举行的土著团结党特别会议，[①] 土著团结党因此无法在社团注册，不能参加 2018 年全国大选。2018 年 3 月 9 日，社团注册局发出最后通牒，要求土著团结党在 30 天内提供会议记录和财政报告，否则将勒令该党解散。马哈蒂尔则强硬表态，称如果土著团结党被解散，他将在人民公正党，甚至民主行动党的旗帜下参加下届大选，继续与巫统对抗。

实际上，政党之间的权力斗争并不仅仅局限于马哈蒂尔与纳吉布之间。在希望联盟内部，权力斗争也较为激烈，这使马哈蒂尔面临不小的挑战。首先，马哈蒂尔与安瓦尔的矛盾难以消除。马哈蒂尔执政后期，安瓦尔成为其打击对象，但如今为了推翻纳吉布，两人却走到了同一阵营，虽然双方有共同的政治目的，但从感情上还是会感到有些尴尬。而且，若反对派真的赢得大选上台执政，谁来主政马来西亚将是一个难题。虽然希望联盟一致同意推选马哈蒂尔为未来的总理候选人，人民公正党主席万·阿齐扎为副总理候选人，[②] 但依据希望联盟达成的协议，一旦安瓦尔被释放且获得最高元首特赦后，他将在 6~12 个月内替代马哈蒂尔成为总理。[③] 换言之，即使反对派获胜，马哈蒂尔也只是过渡性的人物，而未来真正的总理正是马哈蒂尔的宿敌安瓦尔，这样的结果恐怕难以让马哈蒂尔满意，除非安瓦尔承诺给

---

① Joseph Kaos Jr, EGM Parti Pribumi Bersatu Malaysia Tidak Sah-ROS, 17 November 2017, http://www.mstar.com.my/berita/berita-semasa/2017/11/17/egm-pribumi/（访问时间：2018 年 2 月 10 日）。

② Mohd Farhan Darwis, Radzi Razak, Pakatan sahkan Dr Mahathir calon PM sebelum Anwar diampun, 7 January, 2018, https://www.themalaysianinsight.com/bahasa/s/31284/（访问时间：2018 年 2 月 10 日）。

③ PKR bantah Tun M jadi PM, 5 Januari 2018, https://www.bharian.com.my/berita/nasional/2018/01/371259/pkr-bantah-tun-m-jadi-pm（访问时间：2018 年 2 月 10 日）。

马哈蒂尔的儿子慕克力一个妥善的安排。近几年来，马来西亚民间一直流传一种说法，即马哈蒂尔曾与民主行动党领袖林吉祥达成秘密交易，在野阵营赢得第14届大选后，慕克力将出任总理，林吉祥出任副总理。如果真是如此，安瓦尔将被边缘化，这恐怕将会引发更大的权力斗争。从根本上讲，如何化解马哈蒂尔与人民公正党之间的矛盾恐怕才是反对派内部的症结所在。

其次，土著团结党与反对派各成员党之间的关系较为微妙。2013年全国大选后，华人领导的民主行动党获得38个席位，马来人领导的人民公正党仅获得30个席位，伊斯兰教党获得21个席位。从理论上讲，民主行动党应当成为反对派的领导者，然而受到马来西亚历史和族群因素的影响，马来人占多数的人民公正党，而非华人政党民主行动党最终领导反对派联盟。但当马哈蒂尔加入反对派联盟后，新生的土著团结党迅速成为强势政党，民主行动党进一步被边缘化。这从第14届大选的竞选席位分配就可以看出，土著团结党在马来半岛将竞选52个国会席位，人民公正党竞选51个国会席位，而最大反对党民主行动党仅获得35个竞选席位，国家诚信党获得27个竞选席位。[①] 这样的分配结果难免会在成员党之间引发争议，这也是反对派联盟此前迟迟未能就国会竞选席位分配达成一致的原因。为平衡各党利益，反对派四党在州议席的分配中相互妥协，以维护希望联盟的团结。如在森美兰州的议席分配中，人民公正党将竞选12个州议席，民主行动党竞选11个州议席，国家诚信党将竞选7个州议席，强势的土著团结党仅竞选6个州议席。但这样的议席分配方案引起土著团结党的强烈不满，好在该党署理主席慕克力及

① Mohd Anwar Patho Rohman，DAP tetap dominasi kerusi pakatan pembangkang，7 Januari 2018，https：//www. bharian. com. my/berita/politik/2018/01/372328/dap - tetap - dominasi - kerusi - pakatan - pembangkang（访问时间：2018年2月10日）。

时安抚党员情绪,[①] 才避免了更大的矛盾和冲突。关于马来西亚反对党的内讧，当地华人媒体做了这样有趣的评论：“我国共有 222 个国会议席，但人民联盟（后改为希望联盟——引者注）却竞选 223 个议席，因为其中一个国会选区出现自己人打自己人的状况。”[②] 而马来文报纸《马来西亚先锋报》（*Utusan Malaysia*）则发表文章，称马哈蒂尔与其所有副手都难以和谐相处，质疑作为副总理候选人的万·阿齐扎是否会重蹈时任马哈蒂尔副手的穆沙·希塔姆、加法尔·巴巴、安瓦尔以及前总理阿卜杜拉·巴达维的覆辙。[③]

二　马来民族主义再次抬头

政坛的权力斗争加剧，必然导致国内的马来民族主义抬头，这在马来西亚历史上已经被多次证明。所谓“马来民族主义”，在不同的历史阶段有不同的表现形式和意义。如在英国殖民时期，马来民族主义有反殖民统治、争取民族独立的进步意义。但独立后集中表现为主要执政党巫统为维护马来人特权，对华人等其他族群长期进行打压。马来政治精英经常高举“土著”的大旗，要求依据宪法维护土著利益，同时他们会在巫统的高级别会议上挥舞象征马来传统文化的“格理斯短剑”（keris），显示马来人权利。然而，近 10 年来较有趣的现象是马来民族主义抬头，其原因有时并不是马来人与华人的矛盾

① 《马国希望联盟公布议席分配　土著团结党不满议席最少抗议》，2018 年 1 月 28 日，https：//www. channel8news. sg/news8/world/20180128 – wld – harapan/3946230. html（访问时间：2018 年 2 月 10 日）。

② 《选区分配未搞定　先谈首相人选　在野党打着如意算盘》，2017 年 3 月 25 日，《大马华人周刊》，http：//www. chineseweekly. com. my/news/cw% 20Politic_ 250317% 20Malaysia% 20x% 20Politic. html（访问时间：2018 年 2 月 10 日）。

③ Kamil Maslih，Apakah Wan Azizah ulangi nasib sama？21 Mac 2018，http：//www. utusan. com. my/berita/politik/apakah – wan – azizah – ulangi – nasib – sama – 1. 631832（访问时间：2018 年 3 月 21 日）。

升级，而是马来人内讧所致。比如，2008 年大选后，代表马来民族主义的“土著权威组织”（Perkasa）成立。该组织虽然号称维护马来土著的利益，但并不主要针对华人等其他族群，相反对抗政府的意味较浓，有时甚至被反政府力量借用。

如今，马来民族主义抬头主要有两个表现。一是马哈蒂尔创立代表马来土著权利的“马来西亚土著团结党”。虽然其目的是希望争取马来土著的支持，以便在下届大选中对抗巫统，但土著团结党的成立表明维护马来人的权益是马哈蒂尔的主要目标，这在客观上使非马来人团体的利益受到排挤。

二是巫统与伊斯兰教党走近，马来人的宗教权利将进一步受到保护。伊斯兰教是马来人信奉的宗教，也是马来西亚的国教，维护马来人特权的关键就是要维护伊斯兰教的国教地位，这是马来民族主义的题中之义。伊斯兰教党当然维护伊斯兰教，而代表马来人利益的巫统，也是伊斯兰教的捍卫者。从理论上讲，巫统与伊斯兰教党的利益一致。巫统与伊斯兰教党联合，马来人将团结一致。历史上，巫统领导的国民阵线吸纳伊斯兰教党就是出于上述考虑。然而，伊斯兰教党主张在马来西亚建立伊斯兰教国，以《古兰经》《圣训》、沙里亚法为法律，将伊斯兰教原则全面引入国家经济、社会、教育和政治体系。伊斯兰教党这些极端的主张，不仅为巫统领导的国民阵线所反对，即使后来的反对派人民联盟也难以接受。巫统虽为马来人的执政党，但出于维护族群团结和国家稳定的考虑，向来反对在全国实施沙里亚法。因此，伊斯兰教党也只是于 1993 年和 2003 年在其执政的吉兰丹州[①]和登嘉楼州分别实行《伊斯兰刑法》（Hudud）。

2015 年以后，随着伊斯兰教党与巫统逐渐走近，伊斯兰教党连

① 2015 年吉兰丹州通过《1993 伊斯兰刑法》修正案。

续三次向国会提呈私人法案动议，建议修改1965年伊斯兰法庭（刑事权限）第355条文（简称“355法案”），以修订现有的“3-6-5”原则，[①] 提高伊斯兰法庭的最高刑罚，包括纳入石刑、断肢等酷刑。2016年12月，纳吉布在巫统大会上公开表态，2017年3月国会重开后，政府将接手“355法案”。这显示在纳吉布与马哈蒂尔的斗争激化之时，巫统对伊斯兰教党的立场发生了改变。

2017年4月6日，马来西亚国会正式讨论“355法案”。虽然伊斯兰教党领袖哈迪·阿旺在国会宣读“355法案”动议时遭到了民主行动党和人民公正党议员的反对，但国会议长班迪卡（Tan Sri Pandikar Amin Mulia）仍然力挺哈迪·阿旺，并警告了有意阻拦哈迪·阿旺发言的议员，[②] 这表明巫统支持“355法案”动议。纳吉布总理的宗教顾问阿卜杜拉（Tan Sri Abdullah Md Zin）公开宣称，哈迪·阿旺宣读“355法案”动议，是巫统与伊斯兰教党团结一致的结果。[③]

且不论“355法案”最终能否通过，但巫统对此事件的表态和立场表明，巫统希望在大选前进一步拉拢马来选民，尤其是拉拢相对保守的马来穆斯林，以壮大国民阵线的实力。因为纳吉布

---

① 所谓“3-6-5”权限，即伊斯兰法庭不能判处穆斯林监禁超过3年，或鞭笞超过6鞭，或罚款超过5000林吉特或两者兼施。而此次伊斯兰教党要求国会讨论通过的修订案，突破了现有的“3-6-5”权限，要求把3年监禁提高至30年、6次鞭笞提高至100次、5000林吉特罚款提高至10万林吉特。参见Adam Abu Bakar，PAS mahu bawa RUU355 ke Parlimen selepas PRU14，355，http：//www.freemalaysiatoday.com/category/bahasa/2017/10/15/pas-mahu-bawa-ruu355-ke-parlimen-selepas-pru14/（访问时间：2018年3月9日）。

② Maisarah Sheikh Rahim，RUU 355 dibentang semula di Dewan Rakyat，April 6，2017，http：//www.utusan.com.my/berita/nasional/ruu-355-dibentang-semula-di-dewan-rakyat-1.466259（访问时间：2018年1月8日）。

③ Pembentangan RUU 355 hasil perpaduan UMNO dan Pas-Abdullah，Mei 9，2017，http：//www.astroawani.com/berita-malaysia/pembentangan-ruu-355-hasil-perpaduan-umno-dan-pas-abdullah-142088（访问时间：2018年3月9日）。

非常清楚，在马来西亚政局胶着之际，只有依靠马来人才能维护政权的合法性，只有依靠穆斯林的支持才能稳定执政的根基。巫统与伊斯兰教党走近，直接的结果是马来人的权利将进一步得到保护，而非马来族群的利益可能受到侵犯。不少华人社团、媒体纷纷表示，如果“355 法案”通过，非穆斯林的利益将无法得到保障。马华公会主席廖中莱直截了当地说，马华公会将联合全体华人政党与所有能团结的力量，不惜一切代价阻止伊斯兰法修正案在国会通过，以捍卫世俗政权。廖中莱称：“修改 1965 年的伊斯兰法庭（刑事权限）法令就等同于落实《伊斯兰刑法》，国会若通过上述法案，我将辞去官职。”[①] 马华公会与主要华人团体发表文告，表示一旦“355 法案”通过，伊斯兰教党将进一步推动落实《伊斯兰刑法》中的几项刑罚，包括通奸（100 鞭）、诬陷通奸（80 鞭）、饮酒（40～80 鞭）、叛教（监禁 30 年），这将会侵害非穆斯林的权益。[②] 还有华人团体表示，如果“355 法案”通过，《2015 年吉兰丹州伊斯兰刑事立法（Ⅱ）》（修订案）也将获得通过，即伊斯兰刑法将正式实施，将使马来西亚拥有两套刑事法律与程序，这将违反联邦宪法第 8 条。[③]

巫统支持“355 法案”，意味着其与伊斯兰教党的关系进一步走近。此前社会上一直流传巫统可能与伊斯兰教党结盟的各种消息，虽然迄今两党的合作没有任何实质进展，但在 2018 年大选即将来临之际，巫统表态支持伊斯兰教党，无疑是将马来人的利益置于首位。加

---

① 张广凯：《伊斯兰刑法撕裂马来西亚 华人政党誓言反对极端神权》，2016 年 6 月 2 日，http：//www. guancha. cn/Neighbors/2016_ 06_ 02_ 362697. shtml（访问时间：2018 年 1 月 8 日）。

② 《法令修订案：问与答》，https：//img. mca. org. my/MCA/article/476d642a － fa5e － 4322 － 82b6 － f9f2e4e84c6f. pdf（访问时间：2018 年 3 月 8 日）。

③ 刘华才：《伊刑法修改，为何反应大?》，http：//www. orientaldaily. com. my/s/145160#（访问时间：2018 年 3 月 8 日）。

之马哈蒂尔高举保护土著利益的大旗，非马来人的利益不可避免地要受到挑战。这是马来西亚族群政治的必然结果。

三 大选前的经济与外交议题

大选临近，国家的经济问题自然受到各方的高度关注。马来西亚朝野围绕2018年财政预算案展开了激烈的民心争夺战。双方博弈的焦点集中在如何通过民生项目进一步笼络民心。反对派希望联盟抢在政府正式发布大选预算案之前，公布了自己所谓的“2018替代财政预算”（Alternative 2018 Budget），公开与巫统争夺民心。希望联盟的这份财政预算案中，预算总额为2585.2亿林吉特，低于政府预算总额的2802.5亿林吉特。其中，高达2001.6亿林吉特的预算额用于业务支出，仅有58.35亿林吉特用于发展项目。尤为引人关注的是，针对民众意见较大的现行“商品和服务税”（GST），希望联盟在预算案中提出将其废除，以降低民众的生活成本，鼓励民众更多消费，以购买进口汽车、房产等商品。同时，希望联盟在教育问题上抛出“大礼包”。一方面，大力推广免费教育，且其范围面向所有马来西亚民众，不分族群，这尤其受到非马来族群的欢迎。希望联盟主张积极推动技术和职业教育及培训，并致力于将槟城实施的“德国双元制职业培训”项目在全国推广。另一方面，推动国家高等教育基金（PTPTN）改革，规定国家高等教育基金贷款实行按收入比例回报模式，即大学应届毕业生收入低于每月4000林吉特的不需要偿还该贷款的利息。此外，希望联盟还提出要继续推动现政府的“一个马来西亚人民援助金”方案，但要求接受援助金的人要稳定工作至少3个月，并且援助金必须用于社会生活和家庭开支，不得用于购买奢侈品、不健康食物和烟酒。反对派还要求提高吉兰丹、登嘉楼、沙巴、沙捞越等州的石油提成率到20%。①

就在希望联盟公布预算案后两日，2017年10月27日，兼任财政部长的纳吉布总理发布了被称为“大选预算”（Election Budget）的2018年财政预算案。在此预算案中，纳吉布抛出了诸多利于民生的举措，涉及社会生活的各个领域，主要内容如下。一是依据预算案，2018~2022年出生的马来西亚公民，每人将获得200林吉特的初始储蓄基金。2018年将有700万人继续获得“一个马来西亚人民援助金”，最高金额为1200林吉特。此外，“一个马来西亚信托股票”（Amanah Saham 1 Malaysia）的15亿个投资单位将保留给印度裔族群，每名投资者限购3万单位。二是私企的女性员工将实施“强制性产假”。产假从60天增至90天，与公务员享有同等待遇。政府拨款450万林吉特，用于发放100个技术职业教育奖学金，同时将国家高等教育基金贷款还款宽限期延长至毕业后一年，并继续让还款人享受折扣至2018年底。三是所有公务员每人将获得1500林吉特的拨款和额外750林吉特的特别拨款。公务员最低退休金也将增至每月1000林吉特。四是从2018年1月1日起，杂志、漫画、期刊、报纸等一律实行零税率（消费税）。2019~2020年，游船行业从业者免除消费税。2017年4月1日之后开工的学校及宗教场所工程免缴消费税。个人年收入低于7万林吉特的，个人所得税降低至14%。五是拨款11亿林吉特改善桥梁、乡村街灯、祈祷室和菜市设施；拨款6500万林吉特发展华人新村，1000万林吉特维修房子，39亿林吉特补贴货品和交通，包括食用油、面粉、电费和收费站，拨款22亿林吉特兴建“一个马来西亚人民房屋”。从2018年1月1日起，取消雪兰莪、吉打和柔佛州等地的4个

① Arfa Yunus, Pakatan's Alternative 2018 Budget: Abolish GST, maintain BR1M, promote TVET, increase petroleum royalty, October 25, 2017, https://www.nst.com.my/news/nation/2017/10/294869/pakatans-alternative-2018-budget-abolish-gst-maintain-br1m-promote-tvet（访问时间：2018年3月10日）。

收费站。六是拨款270亿林吉特改善全国的卫生服务，拨款5.17亿林吉特用于全国防洪工程、1000万林吉特用以补助残疾人士。同时，拨款5.88亿林吉特作为伊玛目等宗教教师的月津贴，并向每人发放1500林吉特一次性奖励，向玛拉促进中心拨款5000万林吉特。[①]

面对巫统如此大规模派送“大礼”，反对派在2018年再次反击，公布了更具吸引力的民生项目。3月8日，希望联盟发表竞选宣言，承诺大选获胜后，将在100天之内减轻民众生活负担，重申废除商品和服务税，稳定油价、引进油价补贴，拉平全国最低工资，逐步提高最低工资标准。同时还针对巫统提出的相关举措，表示要为负债的联邦土地发展局（FELDA）的垦殖民、大学毕业生提供相应的保障，保护家庭主妇和40%的最低收入家庭的利益。具体措施包括向全国近9.5万名垦殖民每人发放5000林吉特奖金以及设立特别基金、辅助金、房屋奖励等，取消针对垦殖民的不合理债务。引进“家庭主妇公积金缴纳方案”，为家庭主妇提供更多保障。同时引进“关注健康方案”，向为40%最低收入家庭提供医疗服务的每个私人诊所发放500林吉特的基础治疗费用。[②]

可以说，反对派提出的预算案和竞选宣言，完全针对政府的民生项目。如果仅从内容而言，应当说其对选民具有很大的吸引力。但巫统有一个反对派难以比拟的优势，那就是2017年马来西亚经济表现良好，主要经济指标明显好于过去几年，这是巫统争取选民的基础。依据马来西亚中央银行的统计，2017年，马来西亚的GDP增速达5.9%，远高于2016年的4.2%，创2014年以来经济增速新高，终止

---

① Budget 2018，http：//www. bajet. com. my/2018 – budget – full – speech/（访问时间：2018年3月8日）。

② Manifesto PH janji 10 perkara，beban rakyat ringan dalam 100 hari，March 9，2018，http：//www. freemalaysiatoday. com/category/bahasa/2018/03/09/manifesto – ph – janji – 10 – perkara – beban – rakyat – ringan – dalam – 100 – hari/（访问时间：2018年3月9日）。

了连续3年增速放缓态势。主要产业保持稳定增长，其中农业增长7.2%，服务业和制造业分别增长6.2%和6.0%。矿业和建筑业增速虽有所放缓，但仍达到1.1%和6.7%。同期，马来西亚的进出口贸易和国际储备均大幅增长。其中，出口增长18.9%（2016年仅为1.2%），进口增长19.9%（2016年仅为1.9%）。截至2017年底，马来西亚的国际储备增加至1024亿美元，是短期外债的1.1倍，可支付7.3个月的进口。民生方面，2017年，马来西亚劳动力增长30.3万人，工作岗位净增29.5万个，就业增长率达到2.1%，为2016年的3倍，而失业率维持在3.4%，与2016年持平。[①] 居民人均收入达到40713林吉特（合10548美元），预计2018年将进一步增加至42777林吉特（合11082美元）。[②] 这是纳吉布执政8年以来民众获得的最大实惠，为纳吉布政府赢得民心奠定了基础。展望未来，马来西亚中央银行认为，2018年马来西亚的GDP增速将达到5.5%～6.0%，[③] 继续保持中高速稳定增长，这无疑是纳吉布总理赢得2018年大选的重要基础。

外交方面，2017年马来西亚外交可圈可点，但较为突出的特点是，马来西亚格外重视并且持之以恒地关注缅甸罗兴亚人问题。早在2016年12月，纳吉布就针对罗兴亚人问题，公开谴责缅甸国务资政昂山素季，称“已经足够了！”。[④] 2017年1月，纳吉布在伊斯兰合作

① 以上数据来自 Bank Negara Malaysia Annual Report 2017, 28 March 2018, Siaran Akhbar, Bank Negara Malaysia.

② Dato' Sri Mohd Najib Tun Haji Abdul Razak, Budget 2018, 27 October 2017, http://www.bajet.com.my/2018-budget-full-speech/（访问时间：2018年1月8日）。

③ Bank Negara Malaysia Annual Report 2017, 28 March 2018, Siaran Akhbar, Bank Negara Malaysia.

④ Tharanya Arumugam And Farhana Syed Nokman, Najib praised for initiating talks with the US to end violence against the Rohingya, September 22, 2017, https://www.nst.com.my/news/nation/2017/09/282792/najib-praised-initiating-talks-us-end-violence-against-rohingya（访问时间：2018年1月8日）。

组织外长特别会议上表示，罗兴亚人“所遭受的暴力”已经不是缅甸的内政问题，“危及地区安全”，敦促缅甸政府停止所有针对罗兴亚人的歧视和攻击，呼吁免费发放援助，并将罗兴亚人安全遣返。[①] 9 月纳吉布出访美国期间，向美国总统特朗普专门提及罗兴亚人问题，不仅表达了马来西亚对罗兴亚人的关切，而且要求美国向缅甸施加压力，以停止“针对罗兴亚人的暴力活动”。在与纳吉布会晤后，特朗普要求联合国安理会采取快速和强硬的行动，以“阻止针对缅甸罗兴亚人的暴力”。[②] 马来西亚总理在时隔 13 年之后访问美国，却将罗兴亚人问题作为重要议题与美国总统商议，这在马美关系史上并不多见。通常，马美领导人之间的会晤一般以探讨经济合作议题为主，涉及穆斯林问题时也多是谈及宗教极端主义、恐怖主义和中东问题，很少会就东南亚国家的穆斯林问题进行探讨。更值得注意的是，东南亚国家在“东盟方式”的影响下，大多奉行不干涉内政原则，一般不会评论其他国家的内政和社会问题。但在罗兴亚人问题上，一向较为温和低调的纳吉布却多次公开对缅甸领导人昂山素季发难，甚至在 2018 年 3 月举行的澳大利亚与东盟领导人会议上，纳吉布公开表示，罗兴亚人不再是一个纯粹的国内问题，此问题不能作为人道主义问题而被忽视，它可能发展成为一个威胁地区安全的问题。马来西亚希望看到一个公正的、长期的解决方案。[③] 纳吉布的此番言论不同

① Malaysia：Muslim countries should end Rohingya crisis，19 January 2017，https：//www. aljazeera. com/news/2017/01/malaysia – muslim – countries – rohingya – crisis – 170119125547603. html/，（访问时间：2018 年 1 月 8 日）。

② Tharanya Arumugam And Farhana Syed Nokman，Najib praised for initiating talks with the US to end violence against the Rohingya，September 22，2017，https：//www. nst. com. my/news/nation/2017/09/282792/najib – praised – initiating – talks – us – end – violence – against – rohingya（访问时间：2018 年 1 月 8 日）。

③ Stephen Dziedzic，ASEAN：Malaysian PM condemns inaction of Aung San Suu Kyi over Rohingya “suffering”，18 March 2018，http：//www. abc. net. au/news/2018 – 03 – 18/asean – malaysia – pm – confronts – aung – san – suu – kyi/9560112（访问时间：2018 年 3 月 30 日）。

寻常，这与东盟国家在峰会上避免谈内政问题，以保持成员国团结一致的惯例相悖。澳大利亚媒体将此解释为纳吉布对昂山素季的“斥责”。[①] 纳吉布如此关注罗兴亚人问题，原因是多方面的。马来西亚作为穆斯林占多数的国家，自然不会对同为穆斯林兄弟的罗兴亚人的境遇坐视不管，但纳吉布如此激烈、强硬的表态，表明他急于通过干涉解决罗兴亚人问题，以提升马来西亚在伊斯兰世界的形象和国际影响力，吸引国内马来穆斯林选民的支持，以赢得 2018 年全国大选。

四　大选改朝换代

2018 年大选是纳吉布执政以来最具挑战的一次选举，也是马哈蒂尔下台后马来西亚面临的又一次非常重要的选举。此次选举可能将改变马来西亚的政治生态和权力结构，因此受到各方的高度关注。在马哈蒂尔下台后，巫统在 2008 年曾遭遇反对派的严峻挑战。当时，巫统失去了国会的 2/3 多数席位，并丢掉了 5 个州的执政权，堪称史上最大败绩。10 年之后的这次选举，巫统再次面临失去国会绝对多数席位，甚至是丢掉政权的危险。

4 月 7 日，纳吉布宣布解散国会，第 14 届全国大选拉开序幕。马来西亚选举委员会随即宣布，本次大选将于 5 月 9 日举行投票，4 月 28 日为提名日，竞选期为 11 天。本次大选主要有国民阵线、希望联盟与和谐阵线（Gagasan Sejahtera）三派力量竞选。其中，国民阵线是执政联盟；希望联盟是反对派联盟，但在大选前被政府暂停注册；和谐阵线由伊斯兰教党领导，与国民阵线和希望联盟相比，实力相对较弱。选前，国际社会普遍认为国民阵线将继续赢得大选，但难

① Stephen Dziedzic，ASEAN：Malaysian PM condemns inaction of Aung San Suu Kyi over Rohingya “suffering”，18 March 2018，http：//www. abc. net. au/news/2018 – 03 – 18/asean – malaysia – pm – confronts – aung – san – suu – kyi/9560112（访问时间：2018 年 3 月 30 日）。

以获得国会的2/3 多数席位。但5 月10 日公布的选举结果令人大跌眼镜，引起马来西亚的轰动和国际社会的关注。

在国会选举方面，国民阵线仅获得79 个国会席位，为历史最差战绩。其中，巫统获得54 个席位，比上届大选减少34 个席位。多名部长和巫统高级官员在选举中落马。主要华人政党马华公会仅署理总会长魏家祥1 人在亚依淡以303 张多数票险胜民主行动党柔佛主席刘镇东；其余马华公会的领导人，如总会长廖中莱及副总会长蔡智勇、副总会长何国忠、副总秘书黄日升、中央委员王乃志，马青总团长张盛闻等纷纷败下阵来。另一个华人政党民政党则没有获得席位。印度人国大党获得2 个席位，比上届选举减少2 席。除三大主要政党品尝败绩外，沙捞越土著保守联合党也获得较差战绩，仅获得13 个席位，比上届减少1 席。而在州议会选举方面，国民阵线只获得玻璃市和彭亨两个州的执政权，为历史最差战绩。其中，在国民阵线一向占据优势的沙巴州，执政权也被反对派夺走，这对国民阵线是个沉重打击。

反观希望联盟，尽管选举前面临重划选区以及马来西亚土著团结党和希望联盟被暂停注册等诸多困难，但选举结果表明，民心“一边倒”地选择了希望联盟。希望联盟在国会选举中获得113 个席位，赢得执政权。其中，人民公正党获得47 个席位，比上届大选增加17席，是希望联盟中获得国会席位最多的政党。民主行动党获得42 席，比上届选举增加4 席。土著团结党获得13 席，国家诚信党获得11席。在州议会选举中，希望联盟赢得了柔佛、吉打、马六甲、森美兰、槟城、霹雳、沙巴、雪兰莪8 个州的执政权。其中，在雪兰莪州和槟城，希望联盟分别获得92.5%和91.1%的席位，以压倒性多数击败国民阵线，取得辉煌战绩。

和谐阵线中的伊斯兰教党在国会选举中获得18 个席位，比上届大选减少3 席，但在州议会选举中赢得吉兰丹和登嘉楼州的执政权。这是伊斯兰教党继1999 年后再次在登嘉楼州执政，也是伊斯兰教党近几届大选以来较好的州议会选举成绩。本次选举显示，刚成立不久的国家诚信党无法与伊斯兰教党匹敌。

反对派胜选引发马来西亚全国轰动。舆论普遍认为，巫统失利主要有两大原因。其一，巫统越来越不得人心，民众迫切希望改朝换代。巫统成立于1946年，是历史最为悠久、最有影响力的老牌马来人政党。从马来亚人民反抗英国殖民者，到马来亚独立建国，巫统发挥了重要的领导作用。没有巫统，就没有今天的马来西亚。由于历史的原因，在马来西亚这样一个以马来人为主体民族的多元族群国家中，巫统只有高举“马来人优先”、捍卫马来土著权利的大旗才能保障自身政权。历史的发展证明，巫统维护马来人利益的执政理念确实得到了绝大多数马来人的支持，而纳吉布的父亲、马来西亚第二任总理拉扎克创建的，囊括了马来人、华人、印度人及其他少数族群的执政联盟国民阵线则在一定程度上照顾了非马来人的利益，这个具有马来西亚特色的政党体制延续了几十年。

然而，近10年来，马来西亚社会发生了微妙的变化，越来越多的民众开始不满足于以族群划分利益的现状。一方面，马来人仍然希望巫统维持“马来人优先”的政策，但同时也开始要求政府更多地关注民生、环保、医疗、教育、妇女权益、民主选举、权利自由、腐败等议题。也就是说，此前的巫统只需要维护马来人利益，即在利益分配问题上给予马来人更多优惠照顾，就可以得到马来人的支持，保住政权。而如今的巫统不仅需要继续推行“马来人优先”的政策，而且需要将更多精力集中在经济发展、基础设施建设、教育医疗、民主选举、人权自由等议题上。虽然近些年来，巫统在经济发展和改善民生方面做出了不少努力，但仍然有相当多的民众认为，巫统之所以能从1957年执政至今，主要是因为巫统垄断了政权，而在打击腐败及进行政治改革，尤其是推动公平、民主、透明的选举方面乏善可陈。非政府组织“干净与公平选举联盟”更是提出了要求使用不褪色墨水书写选票等多项措施，以保障选举公平进行。2009 年，纳吉布提出了“一个马来西亚”政策，以保障马来西亚全体族群的利益，并推动政府转型和经济转型，然而纳吉布的改革方案并未得到全面落实。华人社会对巫统忽视华人利益依旧不满，华人选民对执政联盟中的华人政党——马华公会只是一味追随巫统，而未能尽到保护华社利益的责任表示愤怒，这使得大多数华人将选票投给了华人反对党民主行动党。在 2018 年大选前，纳吉布政府为保障获得足够的选票，重新划分了选区，使选举对巫统更加有利，这让本来就对选举不满的选民对政府更加不满，直接导致了大量马来人选票的流失。此外，2015 年，美国媒体爆料纳吉布牵涉“一个马来西亚有限公司”腐败案，涉贪 7 亿美元，引起了公愤。尽管纳吉布对腐败丑闻做出了澄清，但自此后纳吉布在民众中的形象一落千丈，加上纳吉布夫人罗斯玛一向生活奢侈，一时间，将纳吉布赶下台成了多数民众的共识。于是，2018 年大选便成为民众发泄不满的渠道。纳吉布牵涉的腐败案在某种程度上左右了大选结果。巫统长期执政，但又忽视政治改革和政党治理，仍然以老旧思路，即通过保障马来人利益来维护执政联盟、治理国家，导致了巫统的惨败。

其二，马哈蒂尔的个人魅力是关键性因素。马哈蒂尔 1981 ~ 2003 年担任马来西亚总理，是马来西亚政坛最重要的领导人之一。在执政期间，马哈蒂尔带领马来西亚取得令人骄傲的经济成绩，马来西亚步入了“亚洲四小虎”行列，成为地区事务中有重要影响力的国家，引起国际社会的关注。马哈蒂尔也因此成为马来西亚民众心目中的伟大领袖，受到民众的爱戴。2003 年 10 月，马哈蒂尔退休时，巫统对他依依不舍，一些部长和官员甚至流下伤心的眼泪。这足以见得马哈蒂尔在马来西亚政坛中的地位举足轻重。2004 年，马来西亚举行全国大选，此时的巫统虽然没有了马哈蒂尔，但凭借着马哈蒂尔留下的余热，绝大多数民众依然将选票投给了巫统。国民阵线在大选中取得了辉煌的成绩。不过，此后当马哈蒂尔逐渐淡出政坛，甚至因不满其继任者阿卜杜拉·巴达维的表现断然退出巫统，对巫统及国民阵线产生了巨大的影响。随后，巫统的选举成绩一路下滑。2008 年、2013 年两次大选，国民阵线接连失去国会 2/3 多数席位，还丢掉了多个州的执政权。虽然不能说马哈蒂尔的离去是造成上述后果的主要原因，但没有了马哈蒂尔的巫统确实出现了诸多问题，由此可见马哈蒂尔对巫统的影响力无人可以取代。

2015 年以来，马哈蒂尔借“一个马来西亚有限公司”腐败丑闻攻击纳吉布，加剧了民众对纳吉布总理的不满。马哈蒂尔本人也因不满纳吉布的表现，退出巫统并组建土著团结党、加入反对派阵营希望联盟，成为纳吉布的强有力竞争对手。2018 年大选前，马哈蒂尔被反对派推选为总理候选人，大大提振了希望联盟的士气。虽然也有人质疑马哈蒂尔年龄太大，但事实证明马哈蒂尔作为总理候选人的提名确实吸引了不少马来选民的选票，也让越来越多的马来西亚民众看到了推翻纳吉布政权的希望，并开始怀念马哈蒂尔执政的辉煌时期。大选后，有媒体甚至评论称，是马哈蒂尔一个人击败了国民阵线。这样的说法未免有些夸张，但确实反映出马哈蒂尔在马来西亚政坛的影响力无人能敌。当反对派获得国会多数席位，但纳吉布拒绝承认马哈蒂尔为新一届政府总理时，又是马哈蒂尔收集了多数当选议员支持其出任政府总理的签名，并邀请了律师团队向民众阐述宪法引导舆论，最终马哈蒂尔获得最高元首的认可，在国家王宫宣誓就职。如果没有马哈蒂尔，仅靠万·阿齐扎领导的人民公正党以及被关在监狱中的反对派实权领导人安瓦尔，希望联盟要推翻国民阵线恐怕没那么容易。[①]

① 骆永昆：《92 岁高龄赢得选举，马来西亚前总理马哈蒂尔缘何“卷土重来”?》，北京周报网，2018 年 5 月 15 日，http://www.beijingreview.com.cn/shishi/201805/t20180515_800129472.html。

分 报 告

Topical Reports

B.2

马来西亚政治形势与政党政治发展

傅聪聪 陈戎轩*

摘 要： 2017~2018 年，马来西亚的政治形势十分紧张，朝野政党积极备战大选，政治议题层出不穷。政党政治呈现出“朝野两线”政党均发生分裂、东马与西马的政党联盟不断重组并形成一种非均势的政治格局。一方面，长期执政的“国民阵线”在其核心政党“巫统”分裂后，试图重新积蓄实力，巩固权力基础，但仍然未能阻挡来自“希望联盟”的挑战；另一方面，继旧反对党联盟“人民联盟”瓦解后，各方势力积极组建

* 傅聪聪，北京外国语大学亚非学院讲师，主要研究方向为马来西亚政治、族群关系、东南亚国际关系；陈戎轩，北京外国语大学马来研究中心研究助理，主要研究方向为马来西亚政党政治。

新同盟阵线，并在第14届大选中一举击败“国民阵线”，实现马来西亚历史上的首次执政党轮替。

关键词： 马来西亚　政治形势　族群分裂　在野党重组　希望联盟

2013年马来西亚第13届大选后，马来西亚各个政党力量经历了内斗、分裂、游离、重组，政党联盟内的斗争最终导致“国民阵线（Barisan Nasional）——人民联盟（Pakatan Rakyat）两线制”的瓦解。随后，执政党与反对党内部均发生了分裂，在一系列游离和重组后，最终在2018年大选前，形成了国民阵线、希望联盟（Pakatan Harapan）和伊斯兰教党（Parti Islam Se-Malaysia）领导的“和谐阵线”（Gagasan Sejahtera）三方角力的政治格局。最终，在第14届全国大选中，希望联盟推翻执政60余载的国民阵线，实现了马来西亚历史上的首次执政党轮替。

2017～2018年，各政党围绕族群关系、宗教法律和社会公平等主要议题展开论战。为了赢得即将举行的大选，时任总理纳吉布（Dato' Sri Mohd Najib bin Tun Haji Abdul Razak）在经济、政治、外交等领域不断发力，试图重新塑造国阵形象，但最终失败。同时，新成立的希望联盟政府尚未显示出成熟的执政能力，而只是通过否定国阵政府的种种举措来维护自身的合法性。伊斯兰教党则继续秉持建立伊斯兰教神权国家的理念。第14届全国大选结束后，国阵分崩离析，仅剩的成员党马华公会以及印度人国大党与巫统“貌合神离”；与此同时，由巫统和伊斯兰教党组成的非正式联盟——“巫伊合作”逐渐成形，成功地聚集并赢得大量马来选民支持。这一切都在悄然改变马来西亚政党政治格局。

一　人民联盟的分裂与“两线制”的瓦解

马来西亚作为选举型威权主义国家（Electoral Authoritarianism）①，在第14届全国大选前从未发生过执政党轮替，一直是由“马来民族统一机构”（The United Malays National Organization，UMNO，简称“巫统”）领导的政党联盟——国民阵线执政。2013年马来西亚举行第13届全国大选，尽管反对党联盟“人民联盟”（简称“民联”）在得票率以51.4%对48.6%的情况下超过执政党联盟国民阵线，然而在国会议席数量上以89席对133席不敌国阵。国民阵线虽然以简单多数保住了联邦执政权，但是一方面未能实现取得2/3多数议席优势，所得议席数比第12届大选还少了7席，可谓险胜；另一方面，在州政权上，反对党联盟捍卫了雪兰莪、槟榔屿和吉兰丹三个州，在登嘉楼与霹雳州也有良好表现。由此，“人民联盟”进一步巩固了与国民阵线分庭抗礼的“两线制”政治格局。② 然而，随着反对党联盟内部成员党的分歧扩大，“两线制”逐渐濒于分裂，并最终于2015年分崩离析。

（一）伊斯兰教党与民主行动党的分歧

人民联盟中的第三大党派马来西亚伊斯兰教党（当地媒体称“伊斯兰教党”）长期主张将马来西亚建成神权国家。但2008年第11届大

---

① 庄礼伟：《第13届国会选举前夕的马来西亚：选举型威权的终结?》，《东南亚研究》2013年第2期，第15~22页；黄进发：《马来西亚50年：“选举型一党制国家”的打造》；孙和声、唐南发编《风云五十年：马来西亚政党政治》，吉隆坡：燧人氏事业，2007。黄进发倾向于将马来西亚的威权政体称为“选举型一党制国家”。

② 关于马来西亚“两线制”政治格局，此前廖小健、庄礼伟、范若兰等学者均有讨论，详见廖小健《马来西亚“两线制”初步形成》，《当代亚太》2001年第4期，第19~23页；庄礼伟：《第13届国会选举前夕的马来西亚：选举型威权的终结?》，《东南亚研究》2013年第2期，第15~22页；范若兰：《马来西亚2013年大选与政治发展前景分析》，《当代世界》2013年第10期，第56~59页。

选后，伊斯兰教党搁置宗教议题，通过与其他反对党合作，在大选中取得了较好成绩。作为与华人政党取得合作的前提，伊斯兰教党必须搁置在马来西亚建立伊斯兰教神权国家的相关议题，转而采取“中间路线”，向民众——尤其是华人选民——展现伊斯兰教党公正、廉洁的形象。

然而，从2014年开始，伊斯兰教党试图在全国范围内推行伊斯兰刑法，引起华人社会的担忧。沙捞越州民主行动党（Democratic Action Party）立即宣布中止参与民联活动，并警告如果伊斯兰教党不放弃伊斯兰刑法就退出联盟。①

2015年3月19日，伊斯兰教党在其执政的吉兰丹州议会通过《2015年吉兰丹州伊斯兰刑事立法（Ⅱ）》（修订案），② 其后续行动就是该党主席哈迪·阿旺（Hadi Awang）当年3月致函马来西亚下议院，以私人身份提起《1965年伊斯兰法庭（刑事权限）法令修正案》（简称“355法案”），主张在全国范围内实行伊斯兰刑法。

对此，马来西亚华人社会的反应尤为激烈。民主行动党作为伊斯兰教党的盟友，承受了巨大的压力。民主行动党国会领袖林吉祥在其个人博客中写道：“任何民联的决定都需得到三党一致的同意，没有任何一个成员党或领袖拥有否决其他成员党或领袖的权力。当哈迪连续两次失信后，民联三党如何还能互相信任及恢复合作关系呢？”③ 时任民主行动党柔佛州主席刘镇东则直言，行动党正在面临着“308大选以来最为严峻的挑战”。④

① 《砂行动党停止参与民联活动，若伊党不放弃伊刑法就退盟》，当今大马，2014年7月21日，https：//www. malaysiakini. com/news/269360（访问时间：2018年2月11日）。

② 《丹州议会今一致通过伊刑法》，《东方日报》，2015年3月19日，https：//www. orientaldaily. com. my/s/74522（访问时间：2018年2月11日）。

③ 《由于民主行动党的反对，加上人民公正党的立场，哈迪欲提呈国会以施行伊刑法的私人法案将不会在下周的国会被通过》，林吉祥个人博客，2015年4月4日，https：//cblog. limkitsiang. com/？p＝5154（访问时间：2018年8月16日）。

④ 《刘镇东：伊党推动回刑法　行动党今年挑战严峻》，马来西亚《星洲日报》，2015年4月12日，http：//www. sinchew. com. my/node/1030218（访问时间：2018年8月16日）。

（二）“人民联盟”全面瓦解

由于民主行动党对于伊斯兰刑法的激烈反对，2015 年 6 月 3 日，伊斯兰教党最高权力机构“乌理玛理事会”通过一项紧急动议，断绝与民主行动党的合作关系。紧急动议指出：“民主行动党虽然是伊斯兰教党的民联盟友，但要与该党主席哈迪·阿旺断交；此外，沙捞越与沙巴民联也因为民主行动党的施压而瓦解。”[①] 同时，乌理玛理事会认为，民主行动党已经违背“求同存异”的民联合作原则。[②] 6 月 6 日，伊斯兰教党全国大会在未经表决的情况下，通过了此项议案。[③]

对此，6 月 16 日，民主行动党秘书长林冠英发布公告表示，民主行动党接受伊斯兰教党大会决议，两党断交，人民联盟解散。林冠英认为，“民联是三党当年基于共识及共同纲领而成立的，该项伊斯兰教党全国大会议案等同于谋杀了民联。民联因此不复存在”。他强调，人民联盟并非投机联盟，而是基于三党同意的原则与理想，指示民联方向。“但过去一年来发生了几项重大的事故，其中包括雪兰莪州大臣危机，伊斯兰教党主席哈迪公然违背领导层理事会所达成的决定等，使民联处于近乎瘫痪的状态。”林冠英表示，民主行动党将与人民公正党、其他渴望推翻国阵专政的进步力量合作，重塑马来西亚政治。[④] 次日，人民公正党（Parti Keadilan Rakyat）也宣布接受民联瓦解。[⑤]

---

① 《要与行动党断绝政治合作，伊党宗教师通过紧急动议》，当今大马，2015 年 6 月 3 日，https：//www. malaysiakini. com/news/300616（访问时间：2018 年 8 月 16 日）。

② Dewan ulama PAS lulus usul putus hubungan DAP, Berita Harian, 4 June, 2015, https：//www. bharian. com. my/node/59035（访问时间：2018 年 8 月 16 日）。

③ 《伊党大会不辩论与火箭断绝合作引反弹》，马来西亚《星洲日报》，2015 年 6 月 6 日，https：//www. sinchew. com. my/node/1452404（访问时间：2018 年 8 月 16 日）。

④ 《正式宣布民联不复存在，行动党冀望打造新联盟》，当今大马，2015 年 6 月 16 日，https：//www. malaysiakini. com/news/302009（访问时间：2018 年 2 月 11 日）。

⑤ 《公正党接受民联瓦解，打造新联盟对抗国阵》，当今大马，2015 年 6 月 17 日，https：//www. malaysiakini. com/news/302216（访问时间：2018 年 2 月 23 日）。

尽管人民联盟解散、民主行动党与伊斯兰教党断交，但人民公正党由于与伊斯兰教党在雪兰莪州联合执政，双方一直保持着合作关系。2017 年 5 月，伊斯兰教党在全国大会上通过决议，与人民公正党断交并全面争取夺得人民公正党的议席。[①] 作为回应，新成立的反对党联盟“希望联盟”于 8 月 29 日达成协议，不会在第 14 届大选与伊斯兰教党合作，将会拟定策略面对大选可能出现的三角战。[②] 雪兰莪州务大臣阿兹敏（Datuk Seri Mohamed Azmin Ali）表示，将遵从希望联盟的决定，逐步采取解决方案。[③]

然而，由于马来西亚实行单一选区制，伊斯兰教党在保守派马来人中拥有较好的群众基础，加之“三角战”会威胁到人民公正党的部分边缘议席，人民公正党的实权领袖安瓦尔（Dato' Seri Anwar bin Ibrahim）却希望人民公正党与伊斯兰教党保持对话。[④] 这种暧昧的态度一直持续到 2018 年初。

二 “国民阵线”核心“巫统”的分裂

（一）党内斗争与巫统分裂

2016 年，马哈蒂尔·穆罕默德（Tun Mahathir Mohamad）于 2 月

① 《伊党公正党两败俱伤》，新加坡《联合早报》，2017 年 5 月 2 日，http://www.zaobao.com.sg/realtime/world/story20170502－755573（访问时间：2018 年 2 月 23 日）。

② 《努鲁：大选逼近，希盟不再与伊党谈判》，马来西亚《星洲日报》，2018 年 9 月 13 日，https://www.sinchew.com.my/node/1681771（访问时间：2018 年 2 月 23 日）。

③ Azmin: PKR to implement Pakatan decision to cut ties with PAS, *The Star*, August 31, 2017, https://www.thestar.com.my/news/nation/2017/08/31/azmin－pkr－to－implement－pakatan－decision－to－cut－ties－with－pas/#Ey4DBfP0XIHMMJih.99（访问时间：2018 年 2 月 23 日）。

④ Anwar admits endorsing PKR-PAS talk, *The Star*, September 2, 2017, https://www.thestar.com.my/news/nation/2017/09/02/anwar－ibrahim－admits－endorse－pas－pkr－talks/（访问时间：2018 年 2 月 23 日）。

29日宣布，由于对执政党巫统深感失望，他决定与妻子一同退党。马哈蒂尔说："正在发生的一切令我感到耻辱。我决定，我不能与这些事情扯上关系，因此，我至少可以做到离开这个党。"[①]

马哈蒂尔此次退出巫统的直接原因是"一个马来西亚有限公司"（1MDB）（简称"一马公司"）贪污丑闻。2015年7月，美国《华尔街日报》披露，马来西亚国家投资公司"一个马来西亚有限公司"有7亿美元资产流入了总理纳吉布的个人账户。虽然马来西亚反贪委员会（Malaysian Anti-Corruption Commission）随后发表声明称"这7亿美元资产是政治献金"，但是依旧难以平息风波。[②]

2015年7月28日，包括巫统元老、时任马来西亚副总理慕尤丁（Tan Sri Muhyiddin Yassin）在内的4人因批评纳吉布而被解除公职。[③] 内阁改组后，受到排挤的巫统领导人开始了与反对党和其他社会组织的接触。8月30日，马哈蒂尔携夫人茜蒂·哈斯玛（Tun Dr. Siti Hasmah）出席"干净与公平选举联盟4.0"（Bersih 4.0）集会，马哈蒂尔表示自己"只是来看看"，茜蒂·哈斯玛则说集会展现了人民的力量。[④] 2016年2月，马哈蒂尔退出巫统。3月27日，一场以"人民的议会"为主题的集会在莎阿南会议中心举办。马哈蒂尔与慕尤丁出席了这次集会，与会的还有人民公正党副主席、雪兰莪州务大臣阿兹敏，民主行动党顾问林吉祥和国家诚信党领袖沙布

---

① 《马哈蒂尔退出马来西亚执政党，要求纳吉布下台》，新华社，2016年3月2日，http://www.xinhuanet.com/world/2016-03/02/c_128766383.htm（访问时间：2018年2月12日）。

② Malaysian prime minister had $700m of "donations" in bank account, *The Guardian*, August 4, 2015, https://www.theguardian.com/world/2015/aug/04/malaysia-corruption-watchdog-najib-razak-donations-1mdb（访问时间：2018年2月12日）。

③ Rombakan Kabinet, Muhyiddin gugur, Zahid Hamidi TPM baharu, July 28, 2015, http://www.utusan.com.my/berita/nasional/rombakan-kabinet-muhyiddin-gugur-zahid-hamidi-tpm-baharu-1.117963（访问时间：2018年2月12日）。

④ 《马哈迪现身吉隆坡集会现场》，新加坡《联合早报》，2015年8月30日，http://www.zaobao.com.sg/sea/politic/story20150830-520427（访问时间：2018年2月12日）。

（Mohamad Sabu）。[①] 这是马哈蒂尔和慕尤丁第一次在正式场合与各个反对党领导人公开接触，也被视为为未来新党筹建做准备。6 月 24 日，慕尤丁与马哈蒂尔之子慕克力（Datuk Seri Mukhriz Mahathir）被巫统开除党籍。[②] 这标志着巫统党内斗争达到顶峰，分裂之势难以挽回。这也是巫统建党以来第五次发生分裂。

（二）马哈蒂尔创立土著团结党

2016 年 9 月 9 日，马哈蒂尔携手慕尤丁成立的土著团结党（Parti Pribumi Bersatu Malaysia，PPBM）正式获得社团注册局发出的批准信，成为马来西亚最新的政党。慕尤丁表示“西马和东马的所有马来人及其他原住民都可入党”。该党承认伊斯兰教为官方宗教，但也尊重其他宗教，其宗旨是不分种族，建立透明和诚信的政府。[③] 土著团结党声称，在国民阵线的领导下，马来西亚正面临着严重的统治危机，行政机构在从内部腐蚀国家。因此，土著团结党致力于联合一切非政府的力量，为了国家和人民而战。[④]

由于这个新党派的主要参与者几乎全部来自巫统，所以出现的一个大问题是它是否应该坚持以马来民族为中心。很大一部分反对党政治家和民间社会活动家认为，马来西亚需要摆脱基于种族的政治，因此这一新党必须是有广泛代表性的。然而，利益相关者认为，马哈蒂

① Dr Mahathir hadir Kongres Rakyat 2016, Berita Harian, March 27, 2016, https：//www. bharian. com. my/node/137817（访问时间：2018 年 2 月 23 日）。

② Malaysia's UMNO expels Muhyiddin and Mukhriz Mahathir, suspends Shafie Apdal, *The Straits Times*, June 24, 2016, http：//www. straitstimes. com/asia/se – asia/malaysias – umno – expels – muhyiddin – and – mukhriz – mahathir – suspends – shafie – apdal – reports（访问时间：2018 年 2 月 12 日）。

③ 《马哈迪与慕尤丁携手组新党，土著团结党正式成立》，新加坡《联合早报》，2016 年 9 月 9 日，http：//www. zaobao. com. sg/news/advance/story20160909 – 664488（访问时间：2018 年 2 月 12 日）。

④ Kenapa PPBM Ditubuhkan, PPBM Official, http：//www. bersatu. org/ditubuhkan. php（访问时间：2018 年 2 月 23 日）。

尔和慕尤丁的主要优势是他们有能力利用马来民族主义者的身份获得马来人的选票，如果土著团结党不以种族为基础，那么这个优势就会丧失，他们就会变得和其他反对党一样，保持马来民族主义反而可以帮助土著团结党获得生存空间。最终，后一种观点赢得了胜利。但不是每位支持者都同意这一立场，年轻一代中许多人更欣赏不分族群的理想主义。他们虽然能够理解政治是现实的，但依然希望土著团结党最终成为代表所有马来西亚公民的政党。作为折中方案，该党成员分成两类：正式党员和合作伙伴。马来西亚公民中的非马来人及其他土著居民只能成为该党的“合作伙伴”或“副党员”（ahli bersekutu），不能像正式党员一样在党内拥有投票权。①

作为新成立的政党，土著团结党因为基层建设——尤其是党支部建设的问题而多次受挫。从建党开始，土著团结党已经多次发生党员集体退党的现象。吉打州州务大臣艾哈迈德·巴沙（Dato' Seri Ahmad Bashah Md Hanipah）指出，土著团结党的结构不强以及未关注党的基层领袖，是造成该党很多领袖退党的原因。② 因此，土著团结党无法选出基层代表，其全国代表大会也难以召开。2017 年 11 月 17 日，马来西亚社团注册局发表声明表示，土著团结党并没有在限期内召开代表大会（或参与会议人数不足），已经违反有关规定，可能会被注销。③在无法参加大选的压力下，12 月 30 日，土著团结党终于正式召开首届全国代表大会。在大会上，马哈蒂尔为曾经犯下的错误向民众道歉。④

---

① Wan Saiful Wan Jan, Parti Pribumi Bersatu Malaysia In Johor: New Party, Big Responsibility, Trends in Southeast Asia, ISEAS, No. 2, 2018, p. 12.

② 《阿末巴沙：众多领袖退党　土团党结构不强》，马来西亚《光华日报》，2017 年 10 月 15 日，http://www.kwongwah.com.my/?p=408038（访问时间：2018 年 2 月 23 日）。

③ 《慕克里：土团党无法召开大会，因未解决基层结构问题》，马来西亚《光华日报》，2017 年 11 月 18 日，http://www.kwongwah.com.my/?p=426582（访问时间：2018 年 2 月 23 日）。

④ Tun Mahathir minta maaf atas kesalahan "masa lalu", Astro Awani, December 30, 2017, http://www.astroawani.com/berita-politik/tun-mahathir-minta-maaf-atas-kesalahan-masa-lalu-164313（访问时间：2018 年 2 月 12 日）。

三　伊斯兰教党的分裂与第三势力的建立

（一）伊斯兰教党内部的路线之争

伊斯兰教党内存在两大阵营，它们在意识形态领域有着巨大分歧。党内长期存在路线之争，不同阵营对于继续走中间路线，还是积极推进伊斯兰教神权国家的建立，一直存在不同的声音。

党内保守派通常也被称为“乌理玛派”（Ulama）。[①] 这个派别通常对伊斯兰教应如何应用于公共政策领域持保守态度，而且他们非常关注伊斯兰法，认为需要立即推行《伊斯兰刑法》（hudud）。在处理非穆斯林问题时，他们也持排他主义观点，认为影响伊斯兰教的重大政策决定——无论是在政党还是政府层面——必须掌握在穆斯林手中。由于在马来西亚种族和宗教问题经常混杂在一起，因此保守派自然会以马来民族主义议程为中心——他们认为这是伊斯兰运动的延伸。当前保守派思想领袖包括党主席哈迪·阿旺（Hadi Awang）、副主席尼克·穆罕默德·阿马尔·阿卜杜拉（Nik Mohamad Ammar Abdullah）等。党内开明派被称为“精英阵营”（Professional Camp），区别于“乌理玛派”，他们大多接受过良好的世俗教育。开明派在政治观点上与保守派有很大的不同，强调伊斯兰法（Maqasid Syariah）的更高宗旨是实现善政和人权，而不是狭隘地集中于立即执行伊斯兰法本身。他们对非穆斯林也更具包容性——认为无论穆斯林还是非穆斯林，都必须得到尊重，所有问题都需要在自由民主的框架内进行谈判。他们仍然认为需要建立一个实施伊斯兰法的伊斯兰国家，但在引入伊斯

---

① “乌理玛”又译为“乌里玛”、“欧莱玛”，阿拉伯语原义为学者，是伊斯兰教学者的总称，被用来泛指伊斯兰教中所有的知识分子，包括阿訇、毛拉、伊玛目等。

兰法律之前，应首先创建一个支持性的生态系统。换句话说，他们的“伊斯兰教国”议程中仍然存在保守主义元素，但主张采用更加渐进和包容的策略。因此一些学者用“新保守主义”（neoconservative）来形容这个群体，其特征是“进步主义”（progressivism）。[①]

开明派长期以伊斯兰教党青年团（PAS Youth）为基础。在政治动员方面，伊青团同保守派之间一直有着不同意见。2010 年，时任伊青团团长阿兹曼（Azman Shapawi）公开指责党内老一辈领导人仍然把乡村地区的马来人作为主要的宣传对象，死守着电视机这块“小屏幕”（small SPACE），而不愿意利用新媒体去接触年轻一代。他指出，相比老一代，年轻人对于政治有着更为成熟的见解。尽管以哈迪·阿旺为代表的保守派领导人也逐渐开通了“脸谱”（Facebook）主页，但实际上他们的主页主要由伊青团打理。[②]

尽管两派矛盾由来已久，但是伊斯兰教党的精神领袖、总指挥聂·阿齐兹（Tuan Guru Dato' Bentara Setia Haji Nik Abdul Aziz Nik Mat）一直能够将两派团结起来。2015 年 2 月 12 日，聂·阿齐兹的逝世[③]引发了伊斯兰教党内部的夺权斗争，党内保守派势力壮大。

（二）国家诚信党的建立

人民联盟的解散是党内矛盾爆发的导火索。开明派认为，伊斯兰教党应该坚持与其他反对党合作，对抗共同的对手国民阵线。在与民主行动党断交之后，乌理玛派和支持结盟的专业阵营之间的矛盾已经无法调和。因此，2015 年的党选就成为决定伊斯兰教党发展方向的

---

① Wan Saiful Wan Jan, Parti Amanah Negara in Johor Birth, Challenges and Prospects, Trends in Southeast Asia, ISEAS, No. 9, 2017, pp. 4 – 5.

② Dominik M. Mueller, *Islam, Politics and Youth in Malaysia: The Pop-Islamist Reinvention of PAS*, Routledge, 2014, p. 122.

③ Nik Aziz, 84, dies, *The Star*, February 12, 2015, https://www.thestar.com.my/news/nation/2015/02/12/pas-nik-aziz-dies/（访问时间：2018 年 2 月 23 日）。

关键节点。

然而，在此次竞选中专业阵营集体落败，乌理玛派获得了全面胜利。在党内失去了基础的18名专业阵营领导人集体退出了伊斯兰教党，并于7月13日发起了“新希望运动”（Gerakan Harapan Baru），[①] 从7月开始，新希望运动开始通过路演的方式为自己争取支持。[②] 7月20日，前任伊斯兰教党选举委员会主任穆罕默德·哈达（Mohd Hatta）表示，新希望运动将在9月14日正式注册成为政党，并希望重组反对党联盟。[③] 7月22日，安瓦尔正式表达了他对新希望运动的支持。[④] 不过，国民阵线和伊斯兰教党均极力阻止新希望运动的壮大。巫统的“喉舌”《前锋报》认为，新希望运动与民主行动党的关系过分紧密，是对伊斯兰教的背叛。[⑤] 伊斯兰教党则开除了所有与新希望运动有关的党员。[⑥]

最终，由于建立新政党的请求难以获得社团注册局批准，8月31日，新希望运动最终宣布，他们将接管马来西亚工人党（Pertubuhan pekerja-perkeja Malaysia）另起炉灶。由此，“国家诚信党”正式建立。此后，国家诚信党更是公开指责保守派领袖哈迪·阿旺应为反对

---

① Former PAS dep president Mat Sabu outlines new breakaway party's philosophy, *The Straits Times*, July 19, 2015, https://www.straitstimes.com/asia/se-asia/former-pas-dep-president-mat-sabu-outlines-new-breakaway-partys-philosophy（访问时间：2018年6月5日）。

② 8 things about Malaysia's new political movement Gerakan Harapan Baru, *The Straits Times*, July 14, 2015, https://www.straitstimes.com/asia/se-asia/8-things-about-malaysias-new-political-movement-gerakan-harapan-baru（访问时间：2018年6月23日）。

③ Gerakan Harapan Baharu akan ditubuhkan 14 September, Berita Harian, July 20, 2015, https://www.bharian.com.my/node/69109（访问时间：2018年6月23日）。

④ Anwar Iktiraf Gerakan Harapan Baru, July 22, 2015, http://www.mstar.com.my/berita/berita-semasa/2015/07/22/anwar-iktiraf-gerakan-harapan-baru/（访问时间：2018年6月23日）。

⑤ IBN HIKAM, Gerakan Harapan Baru dan DAP, *Utusan*, http://www.utusan.com.my/rencana/gerakan-harapan-baru-dan-dap-1.116980（访问时间：2018年6月23日）。

⑥ PAS splinter group to unveil line-up of "inclusive ulamas", *The Straits Times*, August 5, 2015, https://www.straitstimes.com/asia/se-asia/pas-splinter-group-to-unveil-line-up-of-inclusive-ulamas（访问时间：2018年6月23日）。

党联盟的解散负责。[①] 伊斯兰教党主席哈迪·阿旺认为，民主行动党与人民公正党在过去的大选中都依赖伊斯兰教党的选举机制才取得令人瞩目的成绩，无益于伊斯兰发展。因此，他相信没有伊斯兰教党的反对党联盟很难赢得马来人的选票。[②]

伊斯兰教党虽然在伊斯兰法等问题上得到巫统的帮助，但是其主席哈迪·阿旺也明确表示不会与巫统在第14届大选中结盟，“伊斯兰教党和国阵的合作是成熟的政治、没有争论的政治、共同利益的政治。政治可以有不同意见，但是面对人民利益的课题，我们必须并肩战斗”。[③]

（三）第三势力的形成——和谐阵线

2016年3月，伊斯兰教党与马来西亚民族联系党（Parti Ikatan Bangsa Malaysia）谋求组建新的政党联盟“和谐阵线”，形成大选中的“第三势力”。[④] 2017年5月，和谐阵线的成员最终确定，除伊斯兰教党和马来西亚民族联系党外，还包括马来西亚伊斯兰阵线（Barisan Jemaah Islamiah Se-Malaysia）、马来西亚爱国党（Parti Cinta Malaysia）和马来西亚希望党（Parti Harapan Malaysia）。和谐阵线以伊斯兰教党为核心，致力于建设繁荣的国家，反对腐败，团结马来西亚人民，同时强调国家领导人必须由穆斯林担任。[⑤]

---

① 《宣布新党为“国家诚信党”，新希望借工人党另起炉灶》，当今大马，2015年8月31日，https：//www. malaysiakini. com/news/310567（访问时间：2018年2月11日）。

② 《伊党指民行党公正党靠伊党胜选》，新加坡《联合早报》，2017年8月20日，http：//www. zaobao. com. sg/realtime/world/story20170820 - 788634（访问时间：2018年2月11日）。

③ 《哈迪·阿旺：伊巫合作是成熟政治》，马新社中文网，2017年5月4日，http：//mandarin. bernama. com/v3/index. php? sid = news&cat_ news = ge&id = 136809（访问时间：2018年2月11日）。

④ Kerjasama PAS-Ikatan, Blok ketiga diberi nama Gagasan Sejahtera, August 13, 2016, http：//www. astroawani. com/berita - politik/kerjasama - pas - ikatan - blok - ketiga - diberi - nama - gagasan - sejahtera - 113885（访问时间：2018年2月12日）。

⑤ PAS Mantapkan Gagasan Sejahtera, Blok Ketiga Politik Hadapi PRU 14, Bernama, April 29, 2017, http：//bernama. com/bernama/v8/bm/po/newspolitics. php? id = 1351748（访问时间：2018年2月12日）。

四　希望联盟组建与朝野格局稳定

（一）希望联盟的成立

伊斯兰教党退出人民联盟后，国家诚信党积极谋求取代伊斯兰教党在反对党联盟中的地位。马来西亚三大反对党——人民公正党、民主行动党及国家诚信党于 2016 年 1 月 9 日正式签署“希望联盟协议”，寄望于新成立的反对党阵营能整合成一个强大的政治联盟。[①] 国家诚信党的政治目标是为民众提供诚信、进步和充满关怀的领导和统治，以伊斯兰法为基础建立起一个繁荣的国家。[②] 除此之外，国家诚信党还致力于成为全马来西亚最大的伊斯兰政党。[③] 尽管依然以伊斯兰教为根基，但国家诚信党淡化了有关伊斯兰法的诉求，只是希望全马来西亚人都能生活在真主的恩泽（rahmat）下，而更强调民主和公平。[④]

2016 年 12 月 13 日，希望联盟与土著团结党在人民公正党总部签署 7 点大选合作协议，共同合作以对抗执政联盟国阵。[⑤] 2017 年 7 月 14 日，希望联盟沿袭了人民联盟的架构，前副总理安瓦尔是希望联盟的实权领袖，其妻子万·阿齐扎（Datuk Seri Datin Dr. Wan Azizah Wan Ismail）出任联盟主席，马哈蒂尔任名誉主席。[⑥]

---

① 《三大反对党组成，马国“希望联盟”成立》，新加坡《联合早报》，2016 年 1 月 10 日，http://www.zaobao.com.sg/sea/politic/story20160110-569095（访问时间：2018 年 2 月 12 日）。

② Misi Parti AMANAH，https://amanah.org.my/misi/（访问时间：2018 年 2 月 23 日）。

③ Visi Parti Amanah，https://amanah.org.my/visi/（访问时间：2018 年 2 月 23 日）。

④ Matlamat Penubuhan，https://amanah.org.my/matlamat/（访问时间：2018 年 2 月 23 日）。

⑤ PPBM officially signs agreement to join Pakatan Harapan，December 13，2017，https://www.nst.com.my/news/2016/12/196556/ppbm-officially-signs-agreement-join-pakatan-harapan（访问时间：2018 年 2 月 12 日）。

⑥ 《希盟领导架构出炉，安华任共同领袖》，新加坡《联合早报》，2017 年 7 月 14 日，http://www.zaobao.com.sg/realtime/world/story20170714-779001（访问时间：2018 年 2 月 12 日）。

希望联盟在公布领导架构的同时，向社会公众公布了“百日新政”。新政包含希望联盟计划在执政100天内，推动多项政策改革。例如废除消费税、稳定油价、减轻人民负担、开始全面改革体制、肃贪、成立皇家调查委员会调查“一马公司”及重整联邦土地发展局。希望联盟也承诺会争取特赦，释放安瓦尔，并提出限制总理的任期。[①]

希望联盟中民主行动党的影响力最大，这也让整个联盟陷入了两难的境地。马来人社会一直对民主行动党有很大顾忌，认为华人和民主行动党“操控了整个希望联盟”，而国家诚信党更是民主行动党的傀儡——民主行动党的“大华人色彩”和国家诚信党的傀儡形象在主流马来人社会深入人心。马来人社会需要的是政治安全感，这是民主行动党难以理解的。[②] 巫统也经常利用这一点攻击希望联盟，纳吉布就多次提道：“反对党一旦执政就会控制政府，民主行动党的实权领导人林吉祥会是最有权力的人。”对此民主行动党驳斥称：“在马来西亚的政治现实下，反对党一旦执政，一定是马来领袖担任总理。”[③]

然而，当民主行动党最终放弃了竞选正副总理的机会以后，马来西亚《南洋商报》评论称，整个希望联盟又陷入了“马来人至上”（Ketuanan Melayu）的困惑之中。《南洋商报》指出，巫统在联盟时代以“政权分享”为名，借与其他种族合作掌控政权，经过半个世纪，巫统势力不仅壮大，还渗透到各个领域，独霸半岛。反观当年在国家独立后“被借力”的国阵主要成员党，经过13次全国大选后，

---

① 《希盟“百日新政”有可能吗?》，当今大马，2017年7月15日，https：//www. malaysiakini. com/news/388620（访问时间：2018年8月16日）。

② 《郑丁贤：行动党始终不了解马来社会》，马来西亚《星洲日报》，2017年7月5日，https：//www. sinchew. com. my/node/1658940（访问时间：2018年2月23日）。

③ 《陆兆福反驳首相说词“林吉祥不可能当首相”》，马来西亚《南洋商报》，2017年3月13日，https：//www. enanyang. my（访问时间：2018年2月23日）。

政治势力已经被严重削弱，与如日中天、强势的巫统根本不能成正比。巫统的不倒灵药就是“马来人至上”的斗争方向，这令其在族群中的支持源源不绝。当年李光耀带领新加坡离开马来西亚，留下来的民主行动党继续争取“马来西亚人的马来西亚”，与巫统斗争。然而，安瓦尔的巨大影响力和马哈蒂尔的加入，让一切重回到起点。[①]

（二）沙巴民族复兴党建立和沙捞越州选举

“一马公司”案曝光后，除了慕尤丁以外，东马的政治领袖沙菲益（Dato' Seri Haji Mohd Shafie bin Haji Apdal）也对纳吉布提出了批评。2016年6月24日，巫统最高理事会决定冻结沙菲益的党籍。之后，沙菲益主动退出巫统，并创立了沙巴民族复兴党（Parti Warisan Sabah）。

联邦的政治权力，主要掌握在总理以及巫统的其他西马核心政治人物手中。传统上，来自东马的政治人物通常受委托掌管普遍被认为并不是最重要、资源拨款等也相对少的联邦部门。这样的情况在过去两届联邦大选后，因国阵需依靠沙巴州的议席来继续执政而有所改善。[②] 沙菲益在东马有着相当大的政治影响力，因而引发了马来西亚国内对沙巴政治格局发生变化的猜测。

2016年10月19日，沙菲益遭反贪委员会（MACC）调查并被逮捕，10月26日获准保释。[③] 新加坡南洋理工大学拉惹勒南国际研究学院资深研究学者胡逸山分析认为，沙巴发展资金遭挪用案之所以爆

① 《希盟重陷“马来人至上”困惑》，新加坡《联合早报》，转引自马来西亚《南洋商报》社论，2017年4月4日，http://www.zaobao.com.sg/wencui/opinion-asean/story20170404-744668（访问时间：2018年2月23日）。

② 胡逸山：《巫统在沙巴面对变数》，新加坡《联合早报》，2017年11月9日，http://www.zaobao.com.sg/zopinions/views/story20171109-809578（访问时间：2018年2月23日）。

③ 《沙菲益今日获保释外出》，马来西亚《星洲日报》，2017年10月26日，http://www.sinchew.com.my/node/1695374（访问时间：2018年2月23日）。

发，是因为沙巴民族复兴党近月来在沙巴的势头好像过猛了，有可能会威胁到国阵继续在沙巴的执政地位，所以沙菲益等的“锐气”必须被“挫一挫”。[①] 在这种情况下，沙菲益领导的沙巴民族复兴党也成为希望联盟极力拉拢的对象，然而由于在议席分配上的分歧，沙巴民族复兴党与希望联盟的合作尚无定论。[②]

东马沙捞越州的选举时间一直与联邦其他各州不同步。2016 年 5 月 7 日，沙捞越州举行第 11 届议会选举。在这次选举中，国民阵线赢得 72 个议席，取得了胜利。[③]

五 2017年马来西亚主要政治事件

此前，马来西亚各界普遍预测第 14 届大选将在 2017 年举行。在选期悬而未决的紧张氛围下，各党派政治势力就诸多社会议题展开争论。主要政党积极备战第 14 届全国大选。

（一）“355法案”引发宗教与世俗之争

马来西亚是一个多元民族国家，宗教一直是马来西亚的主要议题之一。伊斯兰教党党首哈迪 · 阿旺向下议院提呈的《1965 年伊斯兰法庭（刑事权限）法令修正案》再次挑起了宗教这一敏感话题。

对于伊斯兰法庭（刑事权限）法令修正案，巫统的态度一直比较“暧昧”。先是巫统吉兰丹州议员支持伊斯兰刑法修正案在州议会中通过，随后哈迪 · 阿旺接二连三地向下议院提交私人法案。下议院

① 胡逸山：《巫统在沙巴面对变数》，新加坡《联合早报》，2017 年 11 月 9 日，http: //www. zaobao. com. sg/zopinions/views/story20171109 - 809578（访问时间：2018 年 2 月 23 日）。

② 《沙希盟承认领导角色　献议民兴党攻 60% 州席》，马来西亚《星洲日报》，2018 年 1 月 24 日，http: //www. sinchew. com. my/node/1722320（访问时间：2018 年 2 月 23 日）。

③ 《第 11 届沙捞越州选举成绩出炉!》，马来西亚《诗华日报》，2016 年 5 月 7 日，http: //news. seehua. com/? p = 167266（访问时间：2018 年 2 月 23 日）。

一般会优先辩论执政党的法案，以至于国会总是没时间对哈迪·阿旺的私人法案进行表决。但在 2016 年 5 月国会开会期间，总理府部长阿莎丽娜（Azalina Dato' Othman Said）突然援引下议院常规提出临时动议，要求优先辩论哈迪·阿旺的私人法案，令许多政党猝不及防，朝野政党对此争吵不休。在此种情形下，哈迪·阿旺主动要求将私人法案展延到下次下议院开会时讨论。①

2017 年 2 月 18 日开始，大约 10 万名“355 法案”的支持者在马来西亚首都吉隆坡的马莫草场集会。2 月 20 日，马来西亚总理府部长贾米尔（Datuk Seri Jamil Khir Baharom）与哈迪·阿旺等伊斯兰教党领袖一同现身会场，呼吁穆斯林团结一致使该法案获得通过，备受关注。贾米尔在集会上表示，他是代表总理纳吉布与副总理扎希德（Dato' Seri Dr. Ahmad Zahid Hamidi）出席集会，并指出纳吉布和扎希德都支持该修正案。同为执政党的马华公会（Malaysian Chinese Association）总秘书黄家泉早前发表声明说，马华公会反对一个国家同时存在两套地位平等且权限平行的法律制度，也不允许任何人通过政治手段颠覆马来西亚赖以建国的世俗多元民主宪政体制。②

3 月 17 日，马来西亚副总理扎希德表示，政府将亲自提呈“355 法案”。3 月 29 日，在国民阵线最高理事会会议后，总理纳吉布转而表示，基于国阵共识，政府不会提呈“355 法案”。③ 而在 4 月 6 日的下议院会议中，哈迪的个人提案再次得到“意外放行”。国民阵线的部长临时收回原议程安排中的 3 项法案，哈迪由此得以提交并宣读

---

① 齐顺利：《马来西亚“伊斯兰国”与民族国家：争论、影响与趋势》，《东南亚研究》2016 年第 6 期，第 4 页。

② 《巫统高层出席伊党伊刑法集会受关注》，新加坡《联合早报》，http：//www.zaobao.com.sg/special/report/politic/mypol/story20170220 - 726752，2017 年 2 月 20 日（访问时间：2018 年 2 月 12 日）。

③ MCA happy with BN decision on RUU355，*The Malay Mail*，March 30，2017，http：//www.themalaymailonline.com/malaysia/article/mca - happy - with - bn - decision - on - ruu355（访问时间：2018 年 2 月 12 日）。

“355 法案”。在该修正案被提议附议后，下议院议长潘迪卡尔立刻宣布休会，使议员来不及展开辩论。[①]

伊斯兰教党和巫统此前都对“355 法案”进行了解释。伊斯兰教党称此次修正仅为了提升伊斯兰法庭的管辖权，与伊斯兰刑法的议程并无关系；而总理府副部长阿斯拉夫指出，1965 年制定、1984 年修正的法令已经过时，对犯罪者缺乏威慑，此次修正案是为了加大刑罚力度。尽管如此，马来西亚华人社会认为，一旦通过“355 法案”，扩大伊斯兰法庭的管辖权限，那么已经通过伊斯兰刑法的州，包括吉兰丹州和登嘉楼州，就有可能由州议会逐步实施伊斯兰刑法，甚至形成“多米诺骨牌效应”，引发其他州效仿，最终动摇现有的世俗宪政体制。[②]

除了“355 法案”本身，马来西亚社会上的一系列宗教事件也令华人感到担忧。从柔佛州洗衣店只接待穆斯林顾客，到啤酒节被禁止举办，[③] 马来西亚国内不断涌现宗教争议，宗教保守势力逐渐增强。不断激化的世俗和宗教冲突，给华人社会带来了极大的不安。对此，纳吉布说：“政府承诺会遵循伊斯兰教义，实行真正的伊斯兰主义，保护其他族群利益。作为一个推行‘中庸’的伊斯兰教国家，马来西亚会遵循建国以来的理念。”[④]

（二）国民阵线积极备战大选

在第 13 届大选丢失绝对多数选票的大背景下，国民阵线各成员

① Hadi tables bill to amend RUU 355 in Parliament, *New Straits Times*, April 6, 2017, https://www.nst.com.my/news/2017/04/227758/hadi-tables-bill-amend-ruu-355-parliament（访问时间：2018 年 2 月 12 日）。

② 傅聪聪：《“355 法案”与马来西亚政坛的结构断裂》，《世界知识》2017 年第 10 期，第 28 页。

③ 《纳兹里：非大马文化，禁止啤酒节和伊斯兰教无关》，马来西亚《星洲日报》2017 年 10 月 13 日，http://www.sinchew.com.my/node/1690987（访问时间：2018 年 1 月 28 日）。

④ 《纳吉谈“清真洗衣店”风波：“国人应接受业者道歉”》，马来西亚《星洲日报》，2017 年 9 月 27 日，http://www.sinchew.com.my/node/1686156/（访问时间：2018 年 1 月 28 日）。

党在2017年积极备战选举。国阵对反对党的宣传攻势集中在质疑其执政能力上，认为反对党议员在当选后没有做出任何贡献。同时，国阵提出了一系列新政策，指责反对党领导人的承诺只是“空头支票”。2017年3月4日，在沙巴出席活动的总理纳吉布形容马来西亚的反对党联盟就好像是“阿里巴巴”式联盟，[①] 因为如果反对党掌权，他们对谁将掌握实权并没有达成共识。纳吉布接着批评反对党谎话连篇，只会为人民许下甜言蜜语的承诺，但无法实现。[②]

5月11日，巫统举办成立71周年庆典。在庆典上纳吉布强调，巫统不是一个种族主义或者民族主义政党，巫统领导国阵已有60余载，在这期间，巫统积极与代表各个民族的政党团结合作，共同分享权力。纳吉布还表示，巫统是马来西亚最稳固的政党，在世界历史上也是最为成功的民主党派，四大因素塑造了如今成功的巫统：一是巫统从未脱离伊斯兰教、马来土著及马来西亚本土，二是巫统高度重视马来人民的利益，三是巫统从未脱离时代，四是巫统有明确的目标与切实的行动。[③]

“稳定”成为国阵重要的宣传口号。7月30日，纳吉布再一次强调：“更替现有的政府并不是对于所有问题的最好保证和解决方法……人民群众应当从之前的‘阿拉伯之春’民众革命浪潮中吸取教训，类似伊拉克这样饱受其害的中东地区国家如今仍然处于混乱当中。”[④]

---

① “‘阿里巴巴’式”为马来词语“ali baba”音译，意为“以马来人的名义”，即表面上由马来人管理，实际是华人或其他族群获益的经营方式。

② 《纳吉：反对党像是阿里巴巴联盟》，马新社中文网，http://mandarin.bernama.com/v3/index.php?sid=news&cat_news=ge&id=135266（访问时间：2018年2月12日）。

③ UMNO bukan parti rasis-Najib, *Utusan*, May 12, 2017, http://www.utusan.com.my/berita/politik/umno-bukan-parti-rasis-8211-najib-1.480290（访问时间：2018年2月12日）。

④ Tukar Kerajaan Bukan Jalan Penyelesaian Terbaik-Najib, Bernama, July 30, 2017, http://www.bernama.com/bernama/v8/bm/po/newspolitics.php?id=1377250（访问时间：2018年2月12日）。

保证党内和国阵内部的团结也是巫统领导人关注的重点。8 月 18 日，副总理扎希德警告，巫统若要在第 14 届全国大选中取得胜利，党内绝不能划分阵营，也促请巫统党员不要试图挑拨巫统领导层的关系。[①] 9 月 6 日，纳吉布在国阵理事会会议后的新闻发布会上表示，国阵内部各成员党正在加紧备战即将到来的第 14 届大选，关于议席分配问题，国阵将通过内部的协调磋商加以解决。[②] 在 12 月举行的巫统全国代表大会上，为了保证党的团结，代表团也一致同意在即将举行的党派选举中不再进行巫统主席和副主席职位竞选。[③]

（三）对关键选民的争夺

保守派马来人是伊斯兰教党与巫统共同的票仓。在“355 法案”后，伊斯兰教党表现出了与巫统结盟的倾向，这引起了希望联盟的担忧。2017 年 2 月 14 日，马哈蒂尔发表言论称：“执政党和反对党必然是对立的……如果伊斯兰教党执意将大选变成一场三方对决，那么局面无疑是有利于国阵的。”[④] 8 月底，希望联盟正式宣布将不再与伊斯兰教党在即将到来的第 14 届大选中保持合作关系。巫统秘书长东姑·安南（Datuk Seri Tengku Adnan）表示，与希望联盟内其他党派相比，伊斯兰教党力量强大，党员众多，管理得当，是反对党中的强

① 《反对党不强巫统分裂必坏事，扎希：要狂胜切忌树立阵营》，马新社中文网，2017 年 8 月 18 日，http://mandarin.bernama.com/v3/index.php?sid=news&cat_news=ge&id=139367（访问时间：2018 年 2 月 12 日）。

② Hal berkaitan kerusi hanya dibincangkan secara dalaman-PM Najib, Astro Awani, September 6, 2017, http://www.astroawani.com/berita-politik/hal-berkaitan-kerusi-hanya-dibincangkan-secara-dalaman-pm-najib-154649（访问时间：2018 年 2 月 12 日）。

③ Sambut baik jawatan Presiden, Timbalan Presiden UMNO tidak dipertanding, *Utusan*, December 8, 2017, http://www.utusan.com.my/berita/politik/sambut-baik-jawatan-presiden-timbalan-presiden-umno-tidak-dipertanding-1.569329（访问时间：2018 年 2 月 12 日）。

④ Mahathir Admits UMNO, BN Will Win Election If PAS Does Not Join Pakatan Harapan, Bernama, February 14, 2017, http://www.bernama.com/bernama/v8/po/newspolitics.php?id=1329211（访问时间：2018 年 2 月 12 日）。

大力量。至此，国民阵线成为此次事件的最大赢家。[①]

除了传统的马来选民，印度族选民也成为国阵和希望联盟争夺的焦点。马哈蒂尔已向印度人国大党前主席巴拉尼威伸出橄榄枝，欲拉拢对方与希望联盟合作，以争取印度族选票。[②] 国民阵线方面则强调由国阵领导的中央政府会继续保障印度族的权利，并努力提升印度族在社会经济方面的地位。[③]

女性选民成为国阵的新优势。新加坡东南亚研究所（ISEAS）分析认为，女性选民更愿意投选国阵，巫统妇女组织（Wanita UMNO）是重要的影响因素。[④] 巫统女青团（Puteri UMNO）团长玛丝·尔米雅蒂（Datuk Mas Ermieyati Samsudin）表示，为保证大选的顺利进行，使团内符合年龄的女性选民进行注册很重要，巫统女青团正在尽力协助团内符合年龄的女性注册成为选民。她还表示，现在全国有 40 万名左右的巫统女青团成员，这使巫统女青团坚信，在未来能够和国民阵线一起并肩迎接挑战。[⑤]

11 月 1 日，巫统妇女组织主席莎莉扎表示，在全国各地约有 50 万名“人民联系计划”（Jalinan Rakyat）的巫统妇女组织党员已经准

---

① Keputusan Pakatan Harapan tolak kerjasama dengan Pas beri kelebihan kepada BN, Astro Awani, September 1, 2017, http://www.astroawani.com/berita-politik/keputusan-pakatan-harapan-tolak-kerjasama-dengan-pas-beri-kelebihan-kepada-bn-154067（访问时间：2018 年 2 月 12 日）。

② 《传拉拢国大党前主席，马哈迪争取印族选票》，新加坡《联合早报》，2017 年 8 月 25 日，http://www.zaobao.com.sg/special/report/politic/mypol/story20170825-789836（访问时间：2018 年 2 月 12 日）。

③ Kerajaan pimpinan BN komited perkasakan masyarakat India, *Utusan*, October 11, 2017, http://www.utusan.com.my/berita/politik/kerajaan-pimpinan-bn-komited-perkasakan-masyarakat-india-1.536405（访问时间：2018 年 2 月 12 日）。

④ Wan Saiful Wan Jan, Parti Pribumi Bersatu Malaysia In Johor: New Party, Big Responsibility, Trends in Southeast Asia, ISEAS, No. 2, 2018, p. 21.

⑤ Pergiat daftar wanita muda sebagai pengundi, *Utusan*, October 18, 2017, http://www.utusan.com.my/berita/politik/pergiat-daftar-wanita-muda-sebagai-pengundi-1.539227#ixzz4vr61nYKU（访问时间：2018 年 2 月 12 日）。

备好在即将到来的第 14 届大选中帮助国阵。她说："我们'人民联系计划'的力量是反对党最害怕的力量，因为我们提供给人民的政治服务非常有效。"①

（四）消费税与财政预算案成为重要议题

2017 年 10 月 26 日下午，马来西亚总理兼财政部长纳吉布发布了 2018 年政府财政预算案，新的财政预算案为人民带来了好消息，特别是 40% 的中等收入群体（M40）将成为新财政预算案的最大受益者。纳吉布表示，2018 年财政预算案中包含了很多切合人民群众利益的项目，其范围惠及社会各阶层。他还说，2018 年财政预算案不仅是一项包含了各种决定的提案，更证明了现阶段马来西亚经济发展的稳定状况，与此同时，政府将一如既往地认真负责，考虑人民群众的切身利益，促进经济的发展和国家的崛起。②

作为对政府 2018 年财政预算案的回应，希望联盟也拿出了自己的"预算案"。这一举动引起了登嘉楼州务大臣艾哈迈德（Datuk Seri Ahmad Razif Abdul Rahman）的不满，他告诫人民不要被希望联盟的这一举动迷惑。他认为希望联盟的这份"预算案"是非常不切实际的。相反，作为执政党的国阵将会为人民提供真正可实现的方案。他强调"巫统和国阵有着丰富的执政经验，是有能力起草一份合理的预算案的"。③

---

① PRU – 14, Jentera Wanita UMNO sedia digerak, *Berita Harian*, November 17, 2017, https://www.bharian.com.my/berita/politik/2017/11/345175/pru – 14 – jentera – wanita – umno – sedia – digerak（访问时间：2018 年 2 月 12 日）。

② Harapan golongan M40, *Utusan*, October 27, 2017, http://www.utusan.com.my/rencana/forum/harapan – golongan – m40 – 1.543500#ixzz4wl1UvZLG（访问时间：2018 年 2 月 12 日）。

③ Bajet Pakatan Harapan tidak logik-Razif, Astro Awani, October 27, 2017, http://www.astroawani.com/berita – politik/bajet – pakatan – harapan – tidak – logik – razif – 158993（访问时间：2018 年 2 月 12 日）。

（五）希望联盟领导人之争

希望联盟在接纳马哈蒂尔领导的土著团结党之后，最为迫切的问题是确定总理人选。2017 年 4 月 17 日，希望联盟的实权领导人安瓦尔提出申诉，要求撤销对他的判决。他认为按照证人的证词来看，性侵事件根本不可能发生。马哈蒂尔也在 5 月 21 日签署请愿书，要求政府释放曾是其政敌的安瓦尔。马哈蒂尔坦言，这的确是他本人的意愿。[①] 然而，这一请求最终被驳回，安瓦尔依旧会被关押至 2018 年 5 月。

2017 年 6 月 1 日和 7 日，马哈蒂尔两度表示自己可能再次竞选总理一职。马哈蒂尔表示，他目前对这一职位并不感兴趣，但倘若希望联盟的同僚提出相关的意见，他将不得不考虑。[②] 针对希望联盟的总理人选问题，人民公正党实权领袖安瓦尔对媒体说，反对党的总理人选并非由马哈蒂尔一人决定。[③] 他强调，希望联盟的总理人选，必须由其成员党共同商议推选出来，但他本人不坚持出任总理。[④]

7 月 14 日，希望联盟领导层公布，马哈蒂尔随后宣布可能会参

① 《马哈迪签请愿书要求政府释放安华》，马新社中文网，2017 年 5 月 21 日，http：//mandarin. bernama. com/v3/index. php？ sid = news&cat _ news = ge&id = 137265http：//www. bernama. com/bernama/v8/bm/po/newspolitics. php？ id = 1359004（访问时间：2018 年 2 月 12 日）。

② Tun M sedia pertimbang jawatan perdana menteri jika dipersetujui Pakatan Harapan, June 1, 2017, http：//www. astroawani. com/berita – politik/tun – m – sedia – pertimbang – jawatan – perdana – menteri – jika – dipersetujui – pakatan – harapan – 144719（访问时间：2018 年 2 月 12 日）。

③ 《在日出席论坛马哈迪再度表示愿意再当首相，安华：非由一人决定》，新加坡《联合早报》，2017 年 6 月 7 日，http：//www. zaobao. com. sg/special/report/politic/mypol/story20170607 – 769047（访问时间：2018 年 2 月 12 日）。

④ 《若希盟执政，安华不坚持出任首相》，新加坡《联合早报》，2017 年 6 月 18 日，http：//www. zaobao. com. sg/special/report/politic/mypol/story20170618 – 772056（访问时间：2018 年 2 月 12 日）。

加第 14 届大选，这一系列举动引起了国阵的猛烈抨击。7 月 23 日，马来西亚副总理希山慕丁（Datuk Seri Hishammuddin Tun Hussein）表态说："如果马哈蒂尔胆敢参选，包括我在内的整个巫统领导层会全力阻止，力保现任总理纳吉布。马哈蒂尔要是真有这个胆量面对，那他大可继续参选。"①

2018 年 1 月 7 日，希望联盟正式宣布，如果在第 14 届大选中胜出，土著团结党名誉主席马哈蒂尔和人民公正党主席万・阿齐扎将分别出任过渡总理和副总理。同时，希望联盟将立即恳请最高元首特赦安瓦尔，并保证其出任马来西亚第八任总理。② 5 月 9 日，在马来西亚第 14 届大选中，马哈蒂尔率领希望联盟击败国民阵线，终结了后者长达 61 年的统治，马哈蒂尔以 92 岁的高龄成为世界上最年长的政府首脑。

六 "希望联盟"执政下的马来西亚政治发展

2018 年 5 月的第 14 届全国大选是马来西亚独立以来政治发展的分水岭：以马来民族统一机构（"巫统"）为核心的执政党联盟"国民阵线"失去联邦政权，马来西亚也出现了独立以后首次执政党轮替。马哈蒂尔二度出任内阁总理，其领导的政党联盟——"希望联盟"赢得了议会下议院 222 个席位中的 114 席，以简单多数夺得联邦执政权；同时，希望联盟在东马的同盟沙巴民族复兴党在沙巴州赢得 8 个席位。州一级的议席选举中，在经历了议员跳槽、政党博

---

① Hishammuddin Dares Mahathir To Contest In Pekan, Bernama, July 23, 2017, http://www.bernama.com/bernama/v8/po/newspolitics.php? id = 1375151（访问时间：2018 年 2 月 12 日）。

② 《希盟大会：一旦执政启动特赦安华，"正副首相马旺配"》，马来西亚《星洲日报》，2018 年 1 月 7 日，http://www.sinchew.com.my/node/1717067/（访问时间：2018 年 1 月 28 日）。

弈甚至宪政危机之后，希望联盟及其盟党最终获得了包括柔佛州在内的8个州的政权，国民阵线则在玻璃市州和彭亨州组建州政府，而伊斯兰教党再度成功执政马来西亚半岛东海岸的吉兰丹州和登嘉楼州。①

尽管2018年的选举以政权的平稳交接告一段落，但由此引发的政治余震仍然不断冲击国内政治的结构，改变了当代马来西亚政治格局。第一，国民阵线分崩离析、困境重重，“巫伊合作”尚存不确定性。全国大选之后，联邦和州议会补选接连不断，大选余热不减。经过双溪甘迪斯、无拉港、斯里斯蒂亚、波德申、金马仑以及士毛月六场补选之后，② 马来西亚政党政治格局悄然发生改变——国民阵线分崩离析，仅剩的成员党马华公会以及印度人国大党与巫统“貌合神离”。③

与此同时，由巫统和伊斯兰教党组成的非正式联盟——“巫伊合作”逐渐成形，成功地聚集并赢得大量马来选民支持。④ 2018年9月15日，扎希德带领巫统高层出席了伊斯兰教党全国大会，从而正式宣告“巫伊合作”的开始。⑤ 如何通过“巫伊合作”吸引马来选民、在补选和下届大选中阻击希望联盟，成为巫统这一阶段的政党工

① 选举结果详见 Statistik Keseluruhan Bagi Parlimen PRU 14, Portal Rasmi Suruhanjaya Pilihan Raya Malaysia, http://pru14. spr. gov. my/#! /home; Keputusan PRU 14 Live, Malaysiakini, https://live. malaysiakini. com/ge14/my/（访问时间：2019年3月20日）。

② 六场补选的结果详见：Pilihan Raya Kecil Selepas PRU 14, Portal Rasmi Suruhanjaya Pilihan Raya Malaysia, http://www. spr. gov. my/ms/keputusan – pilihanraya（访问时间：2019年3月20日）。

③ Mohd Iskandar Ibrahim: MCA Kekal Dalam BN, *Berita Harian*, 17 March 2019, https://www. bharian. com. my/berita/politik/2019/03/542220/mca – kekal – dalam – bn（访问时间：2019年3月20日）。

④ Hadi: Kalau PAS-UMNO Kahwin, Jadi Sumbang Mahram, Malaysiakini, 19 March 2019, https://www. malaysiakini. com/news/468546（访问时间：2019年3月20日）。

⑤《阿末扎希率领巫统多名领袖，出席伊党代表大会》，东方网，2019年9月15日，http://www. orientaldaily. com. my/s/259804#（访问时间：2019年3月28日）。

作重点。但是，“巫伊合作”或仅仅是巫统的权宜之计，两党如若正式形成联盟，可能会受到来自多元族群社会的质疑——巫统和伊斯兰教党已然被贴上了煽动种族仇恨的标签，[①] 甚至许多保守的巫统以及伊斯兰教党议员都对巫伊合作持谨慎态度。[②]

第二，新建立的希望联盟政府，正在经受来自内部权力斗争和对外合法性不足的双重挑战。在希盟内部，土著团结党不断吸纳来自在野党的“变节”议员，引起希盟内部非议；而下议院第一大政党人民公正党面临深刻的党内危机，内部派系逐渐呈现分裂趋势。同时，前副总理安瓦尔[③]能否成功从马哈蒂尔手中接任总理一职，尚无定论。[④] 而这也是决定希望联盟稳定的重要变量，因为希望联盟内部各党派对马哈蒂尔能“按时禅让”有共同的心理预期，这一承诺一旦打破，将会彻底破坏希盟内部团结。

从外部来看，希盟政府治理能力面临考验的同时，依旧为马来族群选民基础薄弱所困。[⑤] 在大选前，希盟已然用高度理想主义的政治话语，将自己包装成了民主与改革的象征，塑造了自己的合法性。然而，执政以来，改革派的政治理想却不断被政治运作的现实挫败。就连马哈蒂尔也不得不承认，“希盟的竞选宣言太过理想主义”，他甚

---

① Isu kerjasama PAS-Umno：Lim Guan Eng perbetul kenyataan “perang”, *MSN Malaysia*, 7 March 2019, https：//www. msn. com/en – my/news/national/isu – kerjasama – pas – umno – lim – guan – eng – perbetul – kenyataan – perang/ar – BBUtMKi（访问时间：2019 年 3 月 24 日）。

② Lepas “sanding”, Mohd Amar kata PAS-Umno “baru main mata”, Malaysiakini, https：// www. malaysiakini. com/news/467783（访问时间：2019 年 3 月 24 日）。

③ 安瓦尔曾在“国民阵线”前政府时期，1993 年至 1998 年担任马来西亚第七任副总理，当时被视为马哈蒂尔的接班人。现为马来西亚议会第一大政党人民公正党主席、希望联盟实权领袖，也被马来西亚朝野认为是未来马来西亚总理的继任者。

④ Kepimpinan PKR berpecah kerana Anwar, Free Malaysia Today, 10 June 2018, https：// www. freemalaysiatoday. com/category/bahasa/2018/06/10/kepimpinan – pkr – berpecah – kerana – anwar/（访问时间：2019 年 3 月 20 日）。

⑤ PRK Semenyih：Mesej Rakyat Untuk Diteliti-TPM, Malaysiakini, 3 March 2019, https：// www. malaysiakini. com/news/466356.（访问时间：2019 年 3 月 20 日）。

至没想到希盟可以执政。[①] 以至于“百日新政”期限到来之际，希盟仅兑现了十大承诺中的两个。[②] 无论如何，马哈蒂尔内阁和希盟政府都必须朝着改革的方向迈进。一旦有大举倒退之势，希盟的合法性会随之崩塌，激烈的改革派势必会首先退出希望联盟。

第三，随着威权主义政党“巫统”与国家机器分离，马来西亚国内的诸多问题也在2018年不断爆发，其中包括王室与政府之间的权力博弈而导致的宪政危机、中央与地方关系的重新调整，以及政府与社会利益集团的摩擦，这一系列问题必将给马来西亚未来政治发展带来深刻影响。

国民阵线的下野与希盟政府的执政，背后存在着许多偶然因素；马来西亚国内政治面貌的改变并非族群政治过时的结果，而恰恰是族群分裂作用的产物。当前，占全国人口70%的马来人呈现出“三分在朝，七分在野”的情况。马来人内部的分裂与重组，将会是下一阶段影响马来西亚政党政治走向的关键变量。

---

① PM：Kita mahu malukan BN，sekarang PH malu gagal tunai janji，*MSN Malaysia*，28 September 2018，https：//www. msn. com/en - my/news/national/pm - kita - mahu - malukan - bn - sekarang - ph - malu - gagal - tunai - janji/ar - BBNEajy（访问时间：2019年3月28日）。

② 《〈百日十大新政〉：希盟宣言的进度追踪平台》，当今大马，https：//pages. malaysiakini. com/100days/zh/（访问时间：2019年3月28日）。

B.3
马来西亚经济形势

孔 涛*

摘 要： 2017年，马来西亚经济整体向好，国内需求旺盛，出口强劲，实现GDP增长5.9%。货币政策立场温和，央行较为审慎，通货膨胀率较低，汇率富有弹性，金融周期大幅下滑的风险较低。财政政策向逐步加强抵御风险的方向迈进，财政赤字与中央政府债务进一步得到控制。2018年，马来西亚经济稳健、持续增长，服务业与制造业依然是增长的主要动力，但整体经济增长势头放缓。总体而言，尽管面临一系列挑战，马来西亚正在通过结构改革，提升劳动力技能，提高生产力，改善基础设施和推动研究与开发，以期在不远的未来跳出“中等收入陷阱”，成为高收入国家。

关键词： 马来西亚 经济增长 中等收入陷阱

根据马来西亚官方统计，2017年，以当前价格计算，马来西亚的经济总体达到1.353万亿林吉特，人均国内生产总值为41093林吉

---

* 孔涛，经济学博士，北京大学中国社会科学调查中心副研究员，主要研究方向为发展经济学、劳动经济学、经济增长与制度变迁。

特，实现经济增长 5.9%，明显高于 2016 年 4.2% 的增长率。马来西亚是较早进入中等收入经济体行列的国家。1980 年，马来西亚的人均国内生产总值达到 1812 美元。但直至近 40 年后的 2017 年，马来西亚的人均国内生产总值为 10010 美元，仍处于中等收入国家中的高位而未达到高收入国家 12055 美元的下限。这使得马来西亚与南非、巴西等国一起，被公认为是陷入“中等收入陷阱”的典型国家。[①] 就经济发展的战略而言，马来西亚在 20 世纪 80 ~ 90 年代已经完成了从传统经济向现代经济转型的过渡，以制造业带动出口，其制造业生产的复杂程度也不断提升，实现了从中低收入向中高收入的提升。但是，在进一步完成经济的结构性转型的过程中，马来西亚在现代服务业的发展方面进展迟缓，传统服务业如旅游、交通、建筑等占比保持较高，而通信、计算机和信息服务、金融服务、保险等商业服务仍有较大的提升空间。2018 年，马来西亚经济稳健、持续增长，服务业与制造业依然是增长的主要动力，但整体经济增长势头放缓。

2016 ~ 2020 年是马来西亚的第 11 个“五年计划”，也是向实现“2020 愿景”（Vision 2020），即成为一个发达而包容的国家的最后冲刺阶段。2016 ~ 2017 年，马来西亚经济在较强的国内需求支撑下实现了较为快速的增长，出口表现优异，并在居民收入、就业和医疗服务等层面都有显著的提升。经济基本面良好，宏观经济各项指标稳健，经常账户保持盈余，财政赤字较低，外汇储备规模处于健康水平，通货膨胀压力可控。在这一“五年计划”的中期，2018 年，马来西亚经历了其独立以来最大的政治变局，执政 61 年的巫统被反对

① 所谓“中等收入陷阱”是世界银行在 2006 年的研究中发现，鲜有中等收入经济体成功跻身高收入国家的行列：在 20 世纪 60 年代的 110 个中等收入国家中，仅有 13 个完成这一晋升。究其原因，大部分中等收入国家是依靠低廉的劳动力，通过发展制造业而实现增长的。但是，当收入提高，劳动力的成本上升，这些国家就丧失了制造业出口的相对优势，而同时又无法在尖端科技研发方面与高收入国家较量，结果则是其经济增长出现长期停滞和徘徊，陷入“中等收入陷阱”。

党联盟在5月大选中击败。希望联盟建立的新政府为马来西亚的未来发展规划了新的重点，把增强社会的包容性和平等，提升人民的福祉作为首要目标。本文主要对2017～2018年马来西亚经济表现进行总结，着眼于马来西亚经济在未来近期内是否有望跳出“中等收入陷阱”，讨论其中长期发展的驱动力和所面临的挑战。

一 经济增长

2017年马来西亚经济整体向好。根据马来西亚央行发布的数据，2017年马来西亚经济增长5.9%，相比2016年的4.2%有显著提升，并且远高于国际货币基金组织（IMF）对其GDP增长4.5%的预期。马来西亚统计局的数据显示，2017年，马来西亚国民经济运行持续加速，按可比价格计算，在3月、6月、9月和12月GDP同比增长分别达到5.64%、5.81%、6.24%和5.93%，远超2016年在4%上下徘徊的状态。特别是第三季度，得益于国内需求和出口，其增长幅度达到了2017年来的最高峰。2018年前三个季度，GDP实际增长率分别为5.4%、4.5%和4.4%，整体放缓。总体而言，由于国内市场需求旺盛，经济多元并有汇率弹性，私人消费增长势头强劲，原材料价格增长对实体经济的冲击有所缓解。同时，深层金融市场已帮助吸收全球金融市场动荡。2018年，私人消费对经济增长的贡献进一步提升，特别是在取消商品服务税（GST）之后，耐用品及食品和饮料消费都有显著上升，通货膨胀逐步减弱，且经常账户持续处于盈余，政府财政赤字略有扩大。2018年全年，马来西亚经济增长4.7%，同比下降1.2个百分点。[①]

① 世界银行，https://data.worldbank.org/indicator/NY.GDP.MKTP.KD.ZG?locations=MY（访问时间：2019年9月1日）。

相较于其他国家，马来西亚2017年经济增长表现不俗，不仅远远高于美国、日本等发达经济体，在新兴经济体中也处于领先地位。和其他主要东盟国家相比，马来西亚各个季度的经济增长率都高于新加坡、印尼和泰国，而仅次于菲律宾（见表1）。

表1　2016～2017年马来西亚与主要发达国家和东盟经济体季度经济增长率

单位：%

	2016					2017				
	全年	Q1	Q2	Q3	Q4	全年	Q1	Q2	Q3	Q4
发达国家										
美国	1.6	1.4	1.2	1.5	1.8	2.3	2.0	2.2	2.3	2.5
日本	0.9	0.6	0.7	0.9	1.5	1.8	1.4	1.5	1.9	1.5
英国	1.9	1.9	1.8	2.0	2.0	1.7	2.1	1.9	1.7	1.5
欧元区	1.7	1.7	1.6	1.7	1.8	2.4	2.1	2.4	2.8	2.7
中国	6.7	6.7	6.7	6.7	6.8	6.8	6.9	6.9	6.8	6.8
韩国	2.8	2.9	3.4	2.6	2.4	3.1	2.9	2.7	3.8	3.0
东盟五国										
印度尼西亚	5.0	4.9	5.2	5.0	4.9	5.1	5.0	5.0	5.1	5.2
菲律宾	6.9	6.9	7.1	7.1	6.6	6.7	6.4	6.7	7.0	6.6
新加坡	2.4	2.1	2.0	1.7	3.7	3.6	2.5	2.8	5.5	3.6
泰国	3.2	3.1	3.6	3.2	3.0	n. a	3.5	3.8	4.3	n. a
马来西亚	4.2	4.1	4.0	4.3	4.5	5.9	5.6	5.8	6.2	5.9

资料来源：马来西亚财政部，http：//www. treasury. gov. my/pdf/ekonomi/suku_tahunan/sukutahun4_ 2017. pdf。

从支出的角度来看，私人部门的消费开支增长迅猛，达到7%，成为促进马来西亚经济增长的主要动能，对整体经济增长的贡献率达到3.76%。同时，该部门在马来西亚经济中也占据主要地位，2017

年占 GDP 的 53.7%。受到较为稳定的就业和工资增长的助力，私人部门在通信、餐饮方面的消费增长突出。从消费者信心指数（CSI）的不断攀升也可以看出，居民对国内经济的前景抱有较为积极的预期。2017 年，固定资产投资表现也较为突出，增长率达到 6.2%，为马来西亚经济整体增长贡献 1.58%。其背后的主要推手是私人投资，特别是对机械设备的投资在第四季度高速提升，增长达 8.3%。相关一些如资本和中间品的进口也显示出了跃升的状态。其中，商业条件指数（BCI）较 2016 年增幅更大，显示出业界对营商走势的正向判断。就投资领域而言，首先制造业，特别是金属加工、化学产品生产等得到了大量固定资产投资。其次是服务业，获得投资较多的主要是水电煤等公共服务业、批发和零售业及信息与通信行业。除私人部门支出、固定资本形成以外，公共部门支出在 2017 年也实现了 5.4% 的增长，并为经济整体增长贡献了 0.7%。2018 年上半年，国内需求特别是私人部门的支出，继续成为推动经济增长的主要动力。但是在 2018 年内，一定程度上由于大选带来的不确定性，消费者信心指数出现先升后降，在第二季度达到最高点后，快速持续回落。

就马来西亚经济的产业结构而言，服务业和制造业是其经济的主要支柱，其中尤以服务业为重。根据马来西亚财政部的信息，2017 年，服务业和制造业的产值以 2010 年不变价格计算，分别为 6396 亿林吉特和 2698 亿林吉特；两个部门的产值分别占全国 GDP 的 54.5% 和 23.0%。此外，农业、采矿和采石业各占 GDP 的 8%；建筑业占 4.6%。2018 年上半年，服务业和制造业持续成为经济增长的主要动力，分别占 GDP 的 56% 和 23%。相比之下，采矿和采石业的增长表现并不理想，所占份额收缩至 7.3%。建筑业占 4.7%，其在 GDP 中的份额基本保持不变。

2017 年，马来西亚服务业和制造业增长显著，分别实现 6.2% 和 6.0% 的增长。其中，服务业增长的重要来源为批发与零售贸易，餐饮和住宿服务等最终服务次级部门（sub-sector）两项的季度平均增长率都达到7%以上。此外，信息、通信及房地产和商业服务等中间服务次级部门对服务业整体增长的贡献也十分显著。中间服务次级部门的季度平均增长率达到6.5%，而信息与通信的平均季度增长率超过了8%，房地产和商业服务的增长率也在7.3%以上。由此可以看出，马来西亚的服务业在经济较为景气的时期增长迅速；其主要增长点以传统服务业为主，信息与通信等现代服务业也有亮点。在马来西亚不断向现代经济转型、服务业产业升级的进程中，计算机相关、金融、保险等现代服务业的增长仍有较大拓展空间。2018年前三个季度，服务业得益于批发和零售业、信息与通信、金融和保险以及房地产和商业服务的强劲发展势头，增长率分别达到6.5%、6.5%和7.2%，特别是第三季度机动车的批发与零售额增长达9.5%，极有力地带动了服务业的蓬勃发展。

2017年，以出口为导向和以满足国内需求为导向的产业增长共同带动了制造业的发展。与此相关的国际市场对电气与电子（E&E）产品、化学产品以及精炼石油产品的需求，很大程度上推动了马来西亚的出口增长，同时纺织品和服装出口也表现良好。国内市场在一定程度上受到出口，特别是向中国出口增加的影响，在交通设备、食品及饮料和金属制品等领域显示了较大需求，增长显著。出口导向的产业季度平均增长率达到6.3%；以满足内需为导向的制造业的季度增长波动较大，第三季度飙升到7.0%，第四季度回落到5.4%，年增长率达到5.6%。2018年电气与电子产品、石油产品和化学产品、橡胶和塑料产品以及交通设备的产出都有所提升，但制造业整体增长趋势较2017年稍有放缓，前三个季度的增长率分别为5.3%、4.9%和5.0%。

2017年，马来西亚的农业、建筑业、采石和采矿业也表现良好。其中，农业生产以棕榈油和橡胶为主，特别是在第四季度实现了两位数的增长，达到10.7%。此外，建筑业以土木工程和交通及公共服务相关项目为主，采石和采矿业以天然气生产为主带动了各自产业的增长。2018 年，建筑业增长较 2017 年稍有放缓。农业在 2018 年第一季度增长 2.8% 之后，出现负增长，第二、第三季度由于棕榈油和橡胶减产分别下降 2.5% 和 1.4% 。采矿和采石业自 2017 年第四季度出现小幅下降（ -0.3% ）后，在 2018 年第一季度呈现小幅反弹，增长 0.1% ，但随即陷入更深的收缩。第二、第三季度天然气和原油产出下降，分别下降 2.2% 和 4.6% ，导致多家炼油厂关闭。

二　贸易与投资

2017 年是马来西亚贸易表现出色的一年，对外贸易额全年增长 19.4% （见表2），达到 13 年来的新高。2017 年，除 6 月和 12 月以外，其他所有月份的对外贸易增长都达到了两位数。2017 年，对外贸易所实现的大幅增长来源于马来西亚向其他东盟国家、中国、欧盟等成熟市场的出口。其中，向同马来西亚签署了自由贸易协定的伙伴国家的出口尤为强劲。具体而言，马来西亚与其他东盟国家的贸易额较前一年增加 845 亿林吉特，增长达 21% ；与中国和欧盟的贸易额分别增加 497 亿林吉特（20.6% ）和 261 亿林吉特（17.5% ）。此外，与美国、日本、中国台湾、印度、中国香港和澳大利亚的贸易额均增加 100 亿林吉特以上；向墨西哥、巴西和南非等新兴经济体的出口也有不俗表现。

表 2　2016 ~ 2017 年马来西亚对外贸易增长情况

单位：%

	2016					2017				
	全年	Q1	Q2	Q3	Q4	全年	Q1	Q2	Q3	Q4
贸易总额	1.5	1.0	2.2	-1.1	4.0	19.4	24.3	19.8	21.0	13.3
出口总额	1.2	2.3	1.6	-2.1	3.1	18.9	21.4	20.5	22.1	12.4
制造业	3.3	6.5	4.7	-1.2	3.5	18.9	19.5	18.7	23.7	14.2

续表

	2016					2017				
	全年	Q1	Q2	Q3	Q4	全年	Q1	Q2	Q3	Q4
农业	4.7	6.6	-2.8	1.2	14.1	10.9	29.6	18.8	3.4	-2.1
矿业	-18.9	-26.1	-22.8	-15.5	-11.3	23.9	25.9	41.1	23.9	10.8
进口总额	1.9	-0.4	2.8	-0.1	5.1	19.9	27.7	19.0	19.8	14.4
资本品	4.9	-12.7	11.0	15.9	6.6	15.4	42.1	7.0	-0.1	17.5
中间品	-0.1	-3.2	-1.0	-0.3	3.8	20.0	27.8	23.9	20.9	8.9
消费品	7.3	24.6	10.0	-0.8	-0.2	6.1	4.0	1.5	14.9	4.7
贸易差额	-3.7	25.4	-8.5	-17.6	-8.7	10.3	-21.1	35.0	44.6	-1.1

资料来源：马来西亚统计局和马来西亚对外贸易发展公司（MATRADE），http：//www.treasury.gov.my/pdf/ekonomi/suku_ tahunan/sukutahun4_ 2017.pdf。

从出口的主要产品类别来看，所有门类都取得了两位数的增长。马来西亚的出口持续以制造业商品为主，2017 年占总出口的 82.1%，实现出口总额 7676 亿林吉特，较上年增长 18.9%。其中，电气和电子产品是出口的首要产品，占马来西亚总出口的 36.7%。在全球对智能产品的高涨需求推动下，电气和电子产品在除了 12 月以外的所有月份都实现了超过 10% 的增长，2017 年共计出口 3430 亿林吉特，较 2016 年增长 19.2%。同时，得益于国际大宗商品价格的回暖，原油和天然气、化学制品、石油产品和金属制品等相关矿业和制造业产品的出口都有大幅增长。值得一提的是，矿业产品出口在 2017 年第一和第三季度分别实现了 25.9% 和 23.9% 的增长，而在第二季度达到了 41.1%，全年总增长 23.9%，出口总额为 806 亿林吉特。

2018 年，由于制造业产品和农产品出口的下降，马来西亚出口整体增速显著放缓，第一和第三季度均在 5% 上下，第二季度达到 8.3%。从出口产品结构的角度看，电气和电子产品是出口的首要产品（见图 1），保持出口份额第一的地位，且所占比例略有上升（38.2%）。

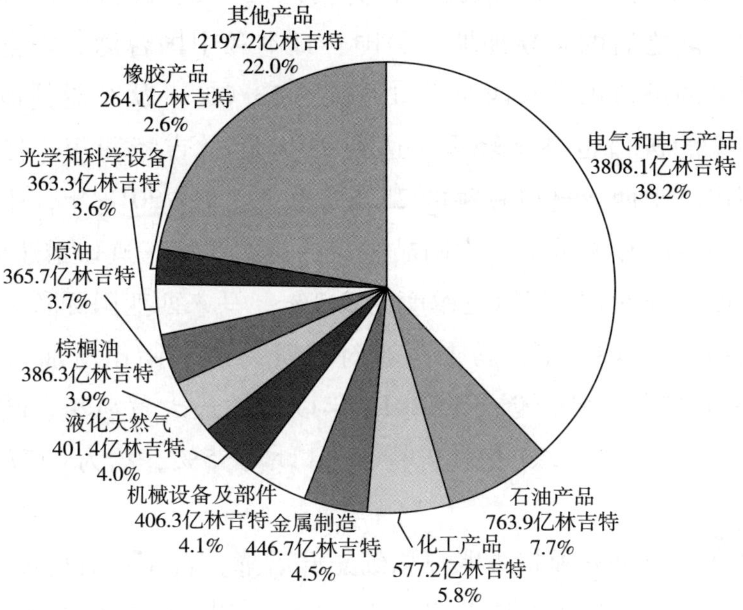

图1　2018 年马来西亚产品出口情况

资料来源：马来西亚统计局和马来西亚对外贸易发展公司（MATRADE），http：//www. matrade. gov. my/en/for – foreign – buyers/industry – capabilities/trade – statistics/28 – malaysian – exporters/trade – statistics/4149 – top – 10 – major – export – products – 2018。

进口方面，主要受到中间品和资本品的推动，2017 年马来西亚进口较上年增长 19.9%，达到 8381 亿林吉特。其中，中间品进口额为 4789 亿林吉特，占进口总额的 57.1%，较上年增长 20%。资本品进口额为 1157 亿林吉特，占进口总额的 13.8%，与 2016 年相比，增长了 155 亿林吉特（15.4%）。消费品进口占进口总额的 8.5%，位居第三，其主要产品为居民消费的加工食品和饮料。从进口的产业分布来看，2017 年制造业商品进口占全部进口的 87.2%，主要以电气和电子产品、化工产品、机械设备与零件为主，三个门类分别占马来西亚进口总额的 30.2%、9.5% 和 9.4%。就进口来源国家和地区而言，从2011年起，中国大陆持续作为马来西亚最大的进口来源地，排在中国大陆之后的是新加坡、美国、日本和中国台湾。来自这些国家和地区的进口占马来西亚进口总额的53.1%。从东盟其他国家和欧盟国家的进口也举足轻重，达到2146亿林吉特和798亿林吉特，分别占马来西亚进口总额的25.6%和9.5%。2018年，主要由于资本品进口的显著减缓，中间品进口的持续收缩，进口增速放缓，从第二季度的8.5%降到第三季度的6.3%。马来西亚国际贸易及工业部报告指出，2018年，马来西亚对外贸易总额同比增加5.9%，达到1.88万亿林吉特，创下自2012年以来的最大贸易额，其中出口增长6.8%，约为9982亿林吉特，进口增长5%，约为8777亿林吉特。①

2017年，马来西亚资本账户总额先升后降，自4月后持续走低，从年初的－769.9万林吉特下降至年底的－2283.5万林吉特。2018年第一季度，马来西亚资本账户总额为－2493.8万林吉特（见图2）。2017年末，马来西亚总投资相当于名义GDP的24.1%，与前一季度持平，但低于2017年前两个季度。2018年第一季度，马来西亚总投资占名义GDP的比重下降至23.5%，第二季度反弹到25.8%。2018年全年，马来西亚制造业、服务业和农业共批准总投资额为2017亿林吉特，共批准4887个投资项目。由于外来直接投资双倍增长，制造业投资从2017年的215亿林吉特提高到580亿林吉特，表现抢眼。2019年第一季度，马来西亚批准投资额增长3.1%，达到539亿林吉特，其中制造业是主要投资领域。②

---

① 《马来西亚2018年全年总贸易额达1.88兆马币》，中国驻马来西亚大使馆经商参处，2019年6月28日，http://my.mofcom.gov.cn/article/sqfb/201906/20190602876834.shtml（访问时间：2019年9月29日）。

② 《马来西亚2018年全年总贸易额达1.88兆马币》，中国驻马来西亚大使馆经商参处，2019年6月28日，http://my.mofcom.gov.cn/article/sqfb/201906/20190602876834.shtml（访问时间：2019年9月29日）。

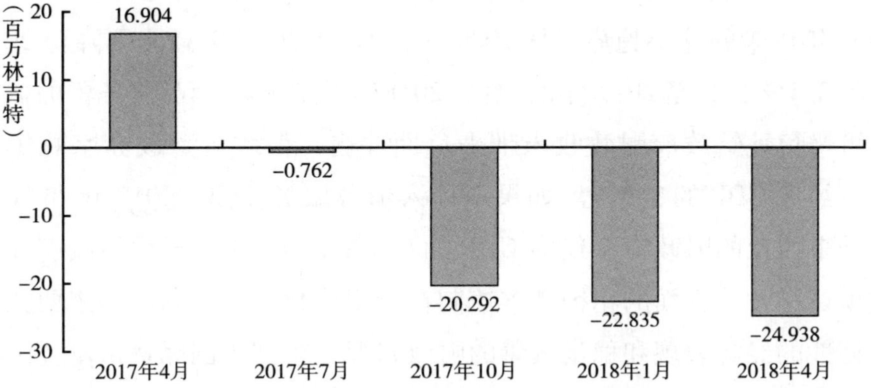

图 2　2017 年 4 月～2018 年 4 月马来西亚资本账户

资料来源：CEIC，https：//www. ceicdata. com/en/malaysia/balance - of - payments - bpm6/bop - capital - account。

在私人投资方面，自 2012 年以来马来西亚因国际市场在商品与服务贸易方面增长缓慢而持续走低，2017 年 5. 6% 的增长率可以视作小幅回暖。在国际市场需求较为旺盛、大宗商品价格回升的大环境下，私人投资的增长率将有望进一步提升。特别值得一提的是，更多的私人投资将投在制造业和采矿业的新技术和新机器设备上。这一点在投资品和中间品进口的大幅提升这一维度上也有明显的体现。作为私人投资表现的风向标，资本品以及机械与交通设备的进口是投资品的主要组成部分。自 2016 年底，中间品与投资品的进口都实现了两位数的增长，特别是 2017 年的前 5 个月里，两者的增长率甚至超过了 20% 。

三　财政、金融市场与货币政策

2017 年，马来西亚的财政政策以实现经济的平衡和可持续增长为核心，保持较为健康的公共财政。在优于预期的经济增长的带动下，2017 年联邦政府的财政状况进一步改善，财政赤字继续保持自 2009 年以来的缩小趋势，从 2009 年占 GDP 的 6.7% 逐步下降至 2016 年的 3.1%，直至 2017 年的 3%。2018 年大选后，商品服务税的取消不可避免地给政府财政收入带来负面冲击，但政府财政赤字总体可控，约占 GDP 的 3.2%。如果不计入债务服务支出，2017 年和 2018 年马来西亚的财政赤字仅为 GDP 的 0.9% 和 0.6%，显示出政府在各类项目和政策方面的花销基本控制在支出优化的范围内。马来西亚富有韧性的经济表现和稳步改善的财政状况也得到了国际货币基金组织的认可。

财政收入方面，主要缘于税收收入的提升，2017 年政府的财政收入为 2253 亿林吉特，较上年 2124 亿林吉特，增长 6.1%。其中，税收收入从 2016 年的 1693 亿林吉特增加到 1777 亿林吉特。特别是商品服务税收入达到 443 亿林吉特，与增长了 10.9% 的名义私人消费保持同步。此外，伴随着 2017 年较高的国际原油价格，石油收入税（PITA）达到 118 亿林吉特，较上年回升幅度达到 39.6%，占总收入的 5.3%。联邦政府在过去的近 10 年间，不断扩大税基，经济机构更加多样化和均衡，降低对石油相关产品的依赖程度。尽管相关的收入较 2016 年的 310 亿林吉特增长 11.6%，达到 346 亿林吉特，但其占 GDP 的比重已经从 2009 年峰值的 9.2% 显著回落至 2.6%。同时，来自非石油产品的财政收入持续上升，2017 年实现 1858 亿林吉特，占 GDP 的比重也略有提升，达到 13.7%。2018 年，马来西亚税收收入比 2017 年增加 11.13%，打破 2014 年 1337 亿林吉特的纪录。其中，公司税收达 700.36 亿林吉特（占 51.11%），个人所得税 360.65 亿林吉特（占 26.32%），石油税收 200.82 亿林吉特（占 14.66%），印花税为 59.34 亿林吉特（占 4.33%），预扣税 31.17 亿林吉特（占 2.27%），产业盈利税 14.67 亿林吉特（占 1.07%），合作社税收 1.71 亿林吉特（占 0.12%），纳闽岸外金融中心及其他税收1.63亿林吉特（占0.12%）。[1]

2017年，马来西亚财政总支出为2626亿林吉特，较上年增长4.1%，较原有的财政预算溢出0.7%，实现了较好的财政自律。财政支出占GDP的比重持续下降，从第九个（2006～2010）和第十个（2011～2015）五年计划期间的平均25%，逐渐下降到2016年的20.5%和2017年的19.4%。尽管财政支出总额基本在预算控制之内，在社会发展方面，特别是教育与医疗领域的投入达到998亿林吉特，占支出总额的38%。经济、安全、行政办公等方面的花销在财政总支出中分别占15.6%、11.9%和5.7%。从运营支出占GDP份额不断下降的趋势可以看出，联邦政府的支出幅度进一步提升。2017年，作为联邦政府运营支出中的最大项（35.4%），160万名政府公务员的工资总额较2012～2016年平均上涨8%的增幅有所下降，上涨5.4%。政府的运营支出总额为2177亿林吉特，相当于GDP的16.1%，较上年下降1个百分点。2018年，联邦政府开支共计2890亿林吉特，超过国会批准的2800亿林吉特预算案。[2]

联邦政府债务以国内债务为主，达6656亿林吉特，在总债务中占96.9%，其占GDP的比重由2016年的50.8%降至2017年底的49.2%。尽管政府从2017年中期开始实施的财政政策，在一定程度上加强了政府抵御风险的能力、减轻了负债上升的风险，但马来西亚国内债务仍保持在较高水平，家庭及公共部门的债务情况仍值得警惕。2017年，马来西亚国内借款总额为1140亿林吉特，其中403亿林吉特用于弥补

---

① 《马税收创新高可能减少赤字》，新加坡《联合早报》，2019年1月21日，http://beltandroad.zaobao.com/beltandroad/news/story20190121-925825（访问时间：2019年9月29日）。

② 《政府2018年预算超支90亿》，The Edge Markets，2019年4月3日，https://www.theedgemarkets.com/article/%E6%94%BF%E5%BA%9C2018%E5%B9%B4%E9%A2%84%E7%AE%97%E8%B6%85%E6%94%AF90%E4%BA%BF（访问时间：2019年9月29日）。

预算赤字，另外737亿林吉特用于到期还款。就外债而言，马来西亚政府与私人部门的外债总规模达到2116亿美元（见图3），与年初基本持平，较2016年外债占GDP的比重有所下降，从74.5%降低到65.3%，其中约1/3（34.3%）为马币计价，总体规模在可控范围内。截至2017年底，马来西亚外汇储备达到1024亿美元，为短期外债的1.1倍，可以支持7.2个月的进口，总体规模较为充足。就外债偿付能力而言，马来西亚具有中上等的信用。世界上最主要的三大评级机构标准普尔、惠誉和穆迪，都将马来西亚的长期外币主权信用评级定为A-或A3，并配以较为稳定的预期。2018年，马来西亚外债总量有所攀升，前两个季度分别增长至2278亿美元和2373亿美元。

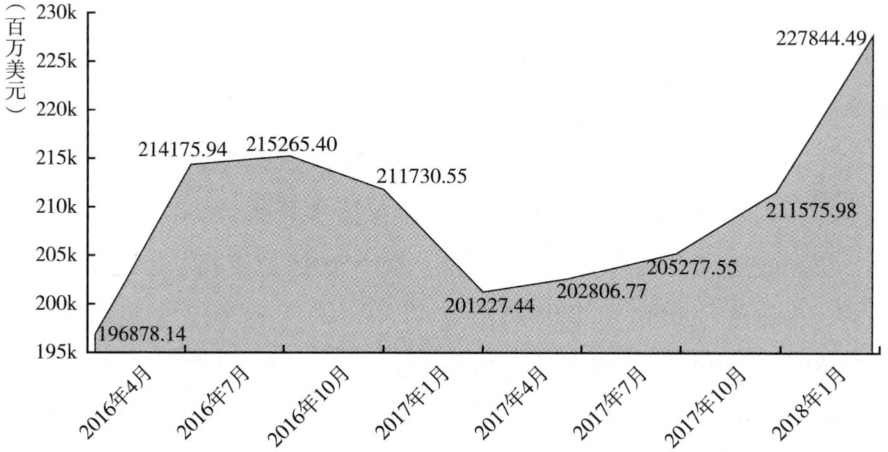

图3　2016年4月~2018年1月马来西亚外债情况

资料来源：CEIC。

2017年，马来西亚的金融市场向好，吸引非本地资本流入。仅2017年12月马来西亚债券和产权投资市场就分别流入41亿林吉特和9亿林吉特。股票市场表现不俗，1~9月均呈上行趋势，10月后出现下行。资本回报率回暖，5年期年化资本回报率显著提升。2018

年 5 月，新政府上台后，马股综指强势上涨，并于 2018 年 5 月 16 日达 1858.26 点高峰（见图 4）。但随着外资加速撤离，马股综指节节败退，于 2019 年 4 月跌至 1609.83 点。[①] 外汇市场充满活力，汇率富有弹性，在美元相对吸引力下降和马来西亚经济增长表现良好的情况下，林吉特兑美元全年升值 10.4%。2017 年底达到 1 美元兑 4.0620 林吉特。2018 年以来，尤其是希望联盟执政一年来（2018 年 5 月至 2019 年 5 月），林吉特兑美元贬值 5.04%。2018 年 5 月 8 日，1 美元兑 3.9480 林吉特；2019 年 5 月 8 日，1 美元可以兑 4.4180 林吉特。[②] 2019 年 8 月 30 日，林吉特兑美元一度跌至 1 美元兑 4.2083 林吉特的水平，为 2017 年 11 月 9 日以来的最低点。[③]

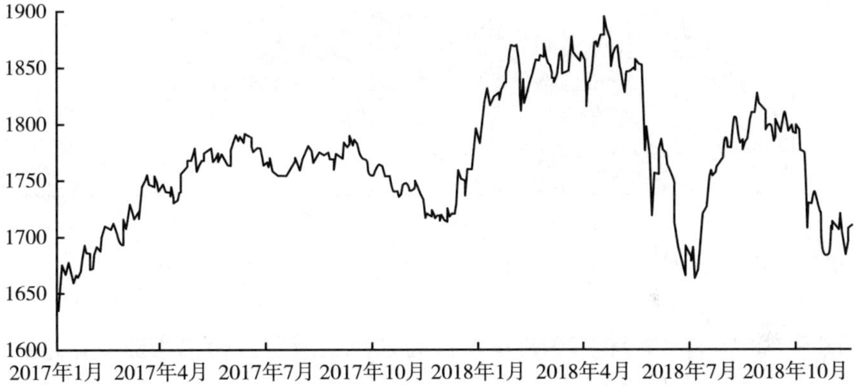

图 4　2017 年 1 月 ~2018 年 10 月马来西亚股市走势

资料来源：马来西亚股票市场，https://tradingeconomics.com/malaysia/stock-market。

① 《希盟执政一周年　马股跌 12%　马币跌 5%》，马来西亚《星洲人》，2019 年 5 月 8 日，https://www.sinchew.com.my/content/content_2050867.html（访问时间：2019 年 9 月 20 日）。

② 《希盟执政一周年　马股跌 12%　马币跌 5%》，马来西亚《星洲人》，2019 年 5 月 8 日，https://www.sinchew.com.my/content/content_2050867.html（访问时间：2019 年 9 月 20 日）。

③ 《马币汇率下跌　失守 4.2 关卡》，中国驻马来西亚大使馆经商参处，2019 年 8 月 30 日，http://my.mofcom.gov.cn/article/sqfb/201908/20190802895005.shtml（访问时间：2019 年 9 月 29 日）。

2017年，马来西亚消费者价格指数（CPI）增长显著。2017年最后一个季度攀升3.5%（见图5）。究其原因，交通、食品和饮料、住房和水电煤等都有所贡献。比如，主要受到原油价格提升的影响，交通相关的价格指数增加11.4%，使得CPI上升1.43个百分点。2018年下半年以来，马来西亚的CPI总体保持低位运行。2019年1月和2月甚至出现了负增长，3月以后CPI开始持续上升，2019年8月增长至1.5%。①

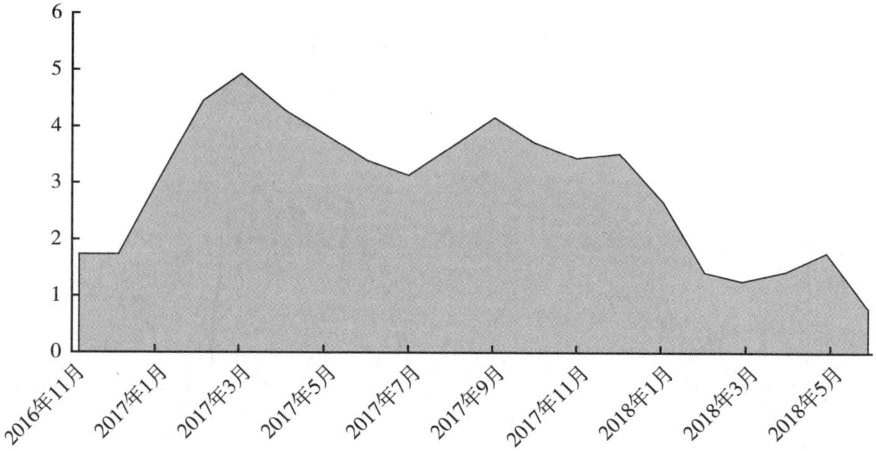

图5　2016年11月~2018年5月马来西亚消费者价格指数变化情况

资料来源：CEIC，https：//www.ceicdata.com/en/indicator/malaysia/consumer - price - index - cpi - growth。

四　就业、收入与民生

马来西亚的劳动力市场具有蓬勃的活力。根据国际劳工组织

---

① Malaysia Consumer Price Index CPI Growth，https：//www.ceicdata.com/en/indicator/malaysia/consumer - price - index - cpi - growth（访问时间：2019年9月29日）。

（ILO）的数据，马来西亚的劳动力人口达到1500万人，并在过去10年内，从2007年的1100万人左右稳步攀升。劳动力参与率在2016年达到67.73%，与2015年基本持平。2017年失业率为3.4%，较2009年最高点的3.7%和2014年最低点的2.9%，处于较高水平。

马来西亚的收入不平等状况一直是民生方面一个十分尖锐的话题。与之相关的讨论包括区域间的收入不平等、种族间的收入不平等和整体收入不等多个维度。比如，2016年吉隆坡的家庭收入中位数为9073林吉特，几乎为收入处于低端的吉兰丹州3079林吉特的3倍，而种族间的收入不均更是极为敏感和复杂的话题。

整体而言，马来西亚居民的收入分成T20（最高的20%）、M40（中间40%）和B40（最低的40%）三组。2016年底，T20、M40和B40的收入中位数分别为13148林吉特、6275林吉特和3000林吉特，较2014年分别实现了6.2%、6.9%和6.6%的增长。在促进包容性增长、解决低收入人群的生计方面，马来西亚政府所做的一项重要努力是尽力提升相对贫困家庭即B40家庭的收入。根据政府对第11个马来西亚五年计划的中期评估，B40家庭的月收入均值自2014年的2537林吉特，提升到了2846林吉特，而B40家庭月收入的中位数也从2629林吉特增长至3000林吉特。在B40家庭内部，农村家庭月收入平均值从1760林吉特提高至1969林吉特，中位数从1797林吉特提升至2012林吉特；城市家庭月收入平均值从2928林吉特提高至3262林吉特，中位数从3095林吉特提升至3367林吉特。

五　小结

在强劲的国内需求的推动下，特别是受私人部门的支出与较为有利的外部条件的共同驱使，2018年马来西亚经济富有韧性，但较2017年略微走低。从供给角度看，服务业与制造业将继续扩张，通货膨胀处在可控范围内，劳动力市场保持相对稳定。

经过年中的选举和政府更迭，新一届政府对未来马来西亚的发展提出了新的愿景和规划。在对 2016～2020 年的中期评估报告里，由马哈蒂尔出任总理的新政府对包容性增长和可持续发展提出了六大支柱（pillars）。提升包容性增长和人民的福祉是最重要的前两个支柱。第三个和第四个支柱旨在推进更均衡的区域发展和人力资源赋能。第五个和第六个支柱为通过绿色增长提升环境的可持续性以及为各行业的发展打下坚实基础。

可以看出，新政府没有明确提出马来西亚进入高收入国家行列的路线图，而是更多强调了政府的廉洁和更均等的分配。但是，如果新政府要真正推进实现六大支柱的目标，其最主要的手段之一还是要做大经济蛋糕，并且提高经济增长的质量及可持续性。尽管 2017 年马来西亚经济表现优异，其经济结构上的短板仍然明显。现阶段经济增长很大程度上仍然依赖要素的投入而非生产率的提高，产业仍集中于价值链的中低端，高附加值的生产有限。未来，马来西亚经济发展仍然面临一系列挑战，需要培养更多的技能工人，并创造更多的工作岗位，增加对机械设备的投资，特别是在结构优化上需要做出更多的努力。

B.4
马来西亚外交形势

〔马来西亚〕饶兆斌*

摘　要： 2017 年，马来西亚持续地和中国快速发展友好合作关系。在响应中国的“一带一路”倡议方面，马来西亚是东南亚国家中走得最快的国家之一。但马来西亚也很注意和各个大国之间保持“等距离”外交关系，因此纳吉布先后访问了美国和印度，达成多项协议。与东盟国家关系方面，由于缅甸罗兴亚人的难民危机，马来西亚和缅甸的关系闹僵。这也凸显在纳吉布的领导下，马来西亚希望在伊斯兰世界拥有一定的领导权和地位。2018 年 5 月马来西亚实现执政党轮替后，新政府团队里明显缺乏对外交有专长的阁员，国际经验丰富的总理马哈蒂尔会比纳吉布更加强势地主导外交政策。马哈蒂尔上任后调整了外交政策，中马关系受到一定程度的冲击。同时马来西亚也减少了参与伊斯兰世界的纷争，重新重视东盟的作用，但仍和美国保持一定的距离。虽然执政党轮替给马来西亚外交带来一定程度的变化，但外交政策也有一定的延续性。

* 〔马来西亚〕饶兆斌，马来亚大学中国研究所所长、教授，研究方向为中国政治与外交、中国与东南亚关系等。

关键词： 纳吉布　马哈蒂尔　马来西亚外交　中马关系　马美关系

2018年5月全国大选后，马来西亚前所未有地实现了建国以来第一次联邦政权的执政党轮替。纳吉布所率领的前执政联盟“国民阵线”（简称“国阵”）被前总理马哈蒂尔所领导的反对党联盟“希望联盟”击败。马哈蒂尔曾经担任总理和国阵领袖长达20多年（1981～2003），此次以92岁高龄重回政治舞台并出任总理，举世瞩目。本文梳理了前任政府在2017年的外交方向和形势，并探讨新政府上台后的外交政策及方向，同时尝试总结马来西亚外交的一般规律和趋势。

一　纳吉布执政后期的马来西亚外交

纳吉布总理任内的马来西亚外交，总体而言可以粗略地以2013年大选为界分为两个时期。纳吉布于2009年上台后，雄心勃勃地改革内政，以期能够重夺国阵在2008年大选时输掉的国会2/3多数议席。所以当时其执政以改革内政为主，外交上主要延续前任总理巴达维的路线。巴达维总理的前任马哈蒂尔在任内经常批评西方国家，以第三世界领袖自居，提倡南南合作，推出“向东政策”，同时和邻国如新加坡等多有摩擦。但巴达维任内调整了这些外交路线，和各国均保持友好关系，在国际议题上也不再经常发声。纳吉布于2009年上台后很大程度上也是如此，特别是更进一步发展和西方国家（特别是美国）的关系。[①] 他打造的自我形象是开明、中庸、亲商的穆斯林

① Khadijah Md. Khalid, “Malaysia’s Foreign Policy under Najib: A Comparison with Mahathir”, *Asian Survey*, Vol. 51, No. 3 (May-June 2011), pp. 429–452.

领袖，既可以和西方国家保持友好关系，也可以和中国、日本等亚洲大国开展战略性合作，同时在伊斯兰世界保有一定的地位。他推动的主要倡议“国际中庸运动”（Global Movement of Moderates）也不温不火，没有产生多大影响。

不过，2013年大选国阵的“险胜”，让纳吉布的内政改革功亏一篑。加上紧接而来各类棘手的政治议题（如“一马公司”案件和前总理马哈蒂尔的反戈），2013年后纳吉布对内施政逐渐转向保守，炒作马来民众和穆斯林群体的不安全感，同时开始依赖外交上的成功来弥补其内政的不足。因而2013年后纳吉布在外交舞台上似乎更加活跃，在国际议题上的发声也逐渐加大。2017年也是马来西亚外交活跃的一年，部分是由于纳吉布政府的主动外交出击，但也有部分是因为被动地推上国际政治的舞台。

（一）纳吉布政府的外交团队：纳吉布主导，希山穆丁受器重

讨论2017年的外交形势，有必要指出纳吉布政府外交团队的主要特征。整体而言，纳吉布政府并没有一个固定和具有影响力的外交团队。其内阁成员中，副总理兼内政部长扎希德、外交部长阿尼法、国防部长兼特别任务部长希山穆丁（纳吉布的堂弟）三人主要在外交事务上发挥作用。国际贸易及工业部部长穆斯塔法和掌管海事执法机构（即海警）的总理府部长沙希淡，也会就国际经贸和海洋议题发挥作用，但从整体上而言不是马来西亚外交的重要成员。

扎希德、阿尼法和希山穆丁三人当中，又各有不同的角色和个人性格。阿尼法从2009年即开始担任外交部长，其部长任期和纳吉布的总理任期同样长，他非常受纳吉布的信任。但同时阿尼法也是个相当低调和个性不突出的部长，任内并未留下太多有关外交的论述，也没有提出过具体的倡议和政策。可以说，在阿尼法的领导下，马来西亚外交部更多扮演着政策执行者，而非政策制定者的角色。不过，阿

尼法的低调作风，刚好配合了纳吉布塑造的其在外交上“有所作为”的形象。扎希德由于身为副总理，所以也必须关注外交议题，但他本人对外交议题并不太热衷，更多关心的是国内议题。

相较之下，国防部长兼特别任务部长希山穆丁倒是对外交非常热衷和表现活跃，也得到了纳吉布一定程度的信任和授权，特命其主导部分外交议题。希山穆丁多次参与区域乃至国际重要安全事务会议，也多次出访过各大国，积极推动军事外交，包括促成了中马首次联合军演和中方军舰多次访马。他非常积极地推动马来西亚参与阿拉伯世界的军事合作，包括参与沙特阿拉伯所领导的军事联盟。希山穆丁于2017年4月被委任兼任特别任务部长，但纳吉布并未阐明该“特别任务”是什么。一般认为这和执政党巫统内部政治有关，但也不排除他的任务主要是处理对外关系，特别是开拓和发展马来西亚与中东伊斯兰国家的关系。[①] 副总理和外交部长的相对低调，同时纳吉布作为内阁最为资深的领袖，使得马来西亚的外交更加带有一层个人色彩，这也是纳吉布政府外交的一个现象。

（二）马来西亚和中国：交流密切，迅速发展

纳吉布总理于2016年11月访华，并突破性地签下了军购订单（中国帮助马来西亚建造4艘军舰，这是两国之间首个大宗军购案）。由于此次访问发生在菲律宾提交的“南海仲裁案”结果出炉后不到半年时间内，可以说是马来西亚对中国示好的一个表态。2017年中马两国关系持续稳定发展，两国各层级领导多次互访，总理纳吉布、副总理兼内政部长扎希德、国防部长希山穆丁都对中国进行了工作访问。

① 《分析员：3因素委任希山穆丁，纳吉部署接班人》，星洲网，2017年4月14日，http://www.sinchew.com.my/node/1633699。

2017 年中马两国在军事交流方面有了进一步发展。[①] 年初，中国海军 861 编队，包括北海舰队“长兴岛”号远洋救生船和“长城 217”号常规潜艇，停靠东马哥打基纳巴鲁（俗称“亚庇”）的海军军港，进行补给和休整。此军港面向南海，地位敏感，而允许中国潜水艇在此进行补给，显示两国有意加强战略互信。3 月末，中央军委副主席许其亮空军上将应希山穆丁邀请，访问马来西亚并和纳吉布会面，就“一带一路”建设、军队高层互访、两军军务合作、反恐及共同关心的国际和地区问题等进行了交流。4 月下旬，刚被委任为特别任务部长的希山穆丁回访中国，与国务委员杨洁篪、许其亮上将及国务委员兼国防部长常万全会面。5 月中旬，中国海军远航编队对马来西亚槟城进行了为期 4 天的友好访问。7 月中旬，中国驻马使馆与马来西亚武装部队共同举办第三次“马来西亚中国国防大学学员再聚首”活动。[②] 参与者主要是从中国国防大学毕业的马来西亚军官、国防部官员，以及正在马来西亚访问的中国国防大学代表团。

在东南亚各国中，马来西亚是响应“一带一路”倡议最为积极的国家之一。[③] 2017 年积极推动的与“一带一路”有关的项目包括东海岸铁路项目和关丹港及产业园区项目。东海岸铁路项目由中国交建承包，中国进出口银行融资，长度近 680 公里，连接马来半岛东西两岸。长期以来，东海岸的发展远远落后于西海岸，而东海岸铁路的建成，可以通过东西两岸的联结而带动经济发展，是东海岸居民非常期待的一个项目。但这个项目从一开始就争议不断，包括在没

---

① 有关中马两国军事方面的交流，可参考 Ngeow Chow-Bing，“Comprehensive Strategic Partnership but Prosaic Military Ties：The Development of Malaysia-China Defence Relations 1991 – 2015”，*Contemporary Southeast Asia*，Vol. 37，no. 2（August 2015），pp. 269 – 304。

② 《中国驻马来西亚大使馆举办第三次“马来西亚中国国防大学学员再聚首”活动》，中国驻马来西亚大使馆，2017 年 7 月 19 日，https：//www. mfa. gov. cn/chn//pds/gjhdq/gj/yz/1206_ 20/1206x2/t1478678. htm。

③ 饶兆斌：《经济高于地缘政治：马来西亚对 21 世纪海上丝绸之路的观点》，《南洋问题研究》2016 年第 4 期。

有公开招标的情况下直接将工程颁给中国交建，项目的造价被认为过高等。9 月，东海岸铁路项目正式开工，中国国务委员王勇参加了开工仪式。

2017 年 1 月，副总理扎希德访华，除了与中方进行有关执法方面的合作外，两国首次提出了在西海岸霹雳州的峇眼拿督（也是扎希德的国会选区）建立能源港和横跨马来半岛的输油管计划，预计造价达 300 亿林吉特，这是中国首次有意在马来半岛修建输油管。5 月中旬，纳吉布到访北京并参加“一带一路”国际合作高峰论坛，分别和习近平主席及李克强总理会面，同时前往浙江与阿里巴巴集团签约，并促成其到马来西亚投资“数字自贸区”。除此之外，纳吉布也在访华期间见证了两国 9 项企业协议的签署，总贸易额达 312 亿林吉特（约 72.2 亿美元）。

除了军事和经济上的交流外，中马也在执法方面取得了合作的共识和进展。掌管执法和移民工作的扎希德分别在 1 月和 9 月两次到访中国，多次和中国国务委员兼公安部长郭声琨会面。扎希德 1 月访问时也与时任中共中央政法委书记孟建柱会面，并到访云南与当地领导商讨反恐事宜。9 月，出席在北京举办的第 86 届国际刑警组织代表大会。郭声琨 6 月回访马来西亚，并与扎希德共同主持中马第三次打击跨国犯罪合作联合工作小组会议。该机制建立于 2012 年，旨在加强两国执法部门在反恐、打击电信诈骗、禁毒、维护网络安全等方面的合作。此外，郭声琨来访也着力加强中马之间“一带一路”基础设施建设方面的合作，考察了中国企业参与的马六甲皇京港项目。

马来西亚对中国“一带一路”倡议的接受程度高，并在政治、经济乃至军事方面与中国来往密切，结果引起马来西亚国内部分在野党人士的质疑，国际上也有“马来西亚向中国靠拢”的看法。不过，仔细观察纳吉布政府的外交举措，其实并非“独尊”中国，而是与各大国都加强合作、保持友好，尽量促成和各大国的等距离关系。2017 年，纳吉布也对美国和印度等重要国家进行了访问。

（三）马来西亚和美国：特朗普上台，关系修复

在奥巴马执政的 8 年间，纳吉布政府欢迎美国的“亚太再平衡”战略，积极参与“跨太平洋伙伴关系协议”（TPP），奥巴马在 2014 年成为 40 年来首位访问马来西亚的美国总统，两人曾一起打高尔夫球，私人关系十分不错，马美关系可以说有所跃进。但随着“一马公司”涉嫌在美国洗钱而遭到美国司法部调查，纳吉布对美国相当不满，特别是在 2016 年，纳吉布在访华前曾意有所指地批评“某些前殖民主义国家”，“不应该对那些曾被它们剥削过的国家指指点点”。[①] 而奥巴马也有意与纳吉布保持距离。

随着特朗普的上台，马美关系也出现了变化。从负面影响而言，美国退出 TPP，使得对参加该协议花费了大量心血的马来西亚极为失望。TPP 被视为美国有意围堵中国的地缘经济战略，是“亚太再平衡”的经济之翼。马来西亚参与这个协议，虽然知道其中的地缘政治因素，但主要是希望开拓美洲市场，重中之重当然是美国市场。但特朗普草率地退出 TPP，也破坏了马来西亚对美国的信心。不过，特朗普不像奥巴马那般重视所谓“自由、人权、民主”等价值观，也不会积极地去关心“一马公司”在美国洗钱的案件，这也为马美关系的发展扫除了一个障碍。

2017 年 3 月，外交部长阿尼法访美，主要是参与国际反“伊斯兰国”联盟（Global Coalition Against Daesh）的外长会议。虽然会议

① 《迎向亚洲世纪捍卫各国主权；纳吉靠拢中国暗批西方体制》，当今大马，2016 年 11 月 2 日，https://www.malaysiakini.com/news/361423。

主题以反恐为主，但阿尼法和美国时任国务卿蒂勒森的会面和讨论也提到朝核和南海问题，而马来西亚作为东盟对美协调国，在 2017 年也扮演着重要的角色。5 月，东盟和美国在华盛顿召开了东盟—美国高级官员对话和东盟—美国外长特别会议，这是继 2016 年的东盟—美国领导人会议之后的最高级别的会晤。美国方面除了蒂勒森外，国防部和国家安全理事会的官员也参加了会议。在之后公布的《联合声明》里，美国重申了对东南亚地区的支持和投入，双方并就朝核与南海问题表达关切。

马美关系发展中的重要事件是 2017 年 9 月中旬纳吉布访美。纳吉布访美之前，美国多家重要报纸，包括《华盛顿邮报》等发表社论认为纳吉布涉及腐败丑闻，反对特朗普会见纳吉布。[①] 不过，特朗普对这类批评并不敏感，而是注重如何从双边关系中获得最大利益，这也给了纳吉布一个机会。在两国发布的《联合声明》中，第一个讨论事项是朝核问题，第二个讨论事项就是马来西亚向美国购买波音飞机。同时，马来西亚也承诺其公积金会大量投资美国。《联合声明》也提到南海、反恐和双边防卫合作等议题。在南海问题上，《联合声明》表示双方都强调海上安全和“自由航行”的重要，以及支持以国际法规为基础的海洋秩序。有关南海岛礁的主权争议，双方都认为各国不应该采取任何使局势升温的行为，包括对岛礁实行“军事化”的措施，而主权争议的解决必须按照国际法，特别是《联合国海洋法公约》。在防卫合作上，双方重申了马美军事的紧密合作，特别是在提升马来西亚的海洋能力方面，同时提到马来西亚有意向美国采购更多的军备。纳吉布也成功地将马来西亚关心的有关缅甸罗兴

① “Trump welcomes an authoritarian to the White House”, *Washington Post*, September 11, 2017, https://www.washingtonpost.com/opinions/global-opinions/trump-welcomes-an-authoritarian-to-the-white-house/2017/09/11/9d19f51c-9707-11e7-b569-3360011663b4_story.html?noredirect=on&utm_term=.47296fd65ae9.

亚人的议题放入《联合声明》内，使得他可以在国内向穆斯林民众展现他对大国领导人的影响。

（四）马来西亚和印度/日本：密集访问，多方位合作

印度总理莫迪上任后将“东望政策”（Look East Policy）改为“东向行动政策”（Act East Policy）。比起其前任，莫迪确实是更加具有雄心和魄力。和其他东盟国家一样，马来西亚也非常欢迎印度在东南亚扮演更大的角色，以平衡中国的影响力。马来西亚和印度早在2010年就建立了战略伙伴关系，纳吉布更是三次访问印度，包括在2017年3月末至4月初的国事访问。马印两国发布的《联合声明》中合作项目多达69项，展现其多方面和多元性。除了一般的经贸协议和合作项目外，纳吉布访问印度期间也大力推动印度参与马来西亚的基础设施建设项目。由于中马两国在“一带一路”建设项目上配合良好，马来西亚的许多基础设施建设项目中都可以看到中国企业的影子。虽然马来西亚总体而言欢迎中国企业的到来，但其国内，特别是马来社会内部确实存在质疑声音，因此纳吉布希望印度加大参与马来西亚基础设施建设的力度，以此稀释那些马来西亚“过度靠向中国”的质疑。

除了基础设施建设的合作，马印军事防务合作也是日益受到重视的议题，而且合作的范围是多方面的，除了海陆空三军外，也包括情报和网络安全。马印《联合声明》也提到南海问题，呼吁争议各国遵守《联合国海洋法公约》和“自由航行”的权利，并自我克制及承诺不以武力解决争议。马来西亚对印度推动联合国改革（即印度争取“入常”）表示理解，但未给予明确的支持。

在与中国及印度发展关系的同时，马来西亚没有忘记与亚洲另外一个大国——日本展开合作。纳吉布于2016年11月第三次官访日本（之前分别是2010年和2015年），除了争取更多的日本投资进入马来

西亚外，更引人注目的是日本将2艘退役的海警巡逻舰赠送给马来西亚，以加强其海警的巡逻能力。同时，纳吉布和日本首相安倍晋三也就区域内的两大安全议题（南海和朝鲜半岛问题）交换意见。① 2017年马日两国的高层互动较少，只有日本皇太子德仁亲王在4月访问马来西亚，象征意义大于实际意义。总理纳吉布和日本首相安倍晋三在参加马尼拉东盟高峰会议时曾举行简短的双边会议，会议中纳吉布对日本继续领导美国已经退出的TPP和日本愿意提供舰艇给马来西亚海警表示感激，而日方希望能够争取到从吉隆坡到新加坡的高铁项目。

（五）马来西亚和东盟成员国：加强反恐合作，和缅甸关系下降

马来西亚向来重视与东盟及其邻国的关系。2017年与马来西亚互动较为频密的为老挝和越南，这两个国家和马来西亚在该年有多次部长级或以上的官员互访，包括老挝总理西苏里在5月访问马来西亚。这两个国家的发展较为落后，而马来西亚作为较发达的发展中国家，可以在教育和技术上给予它们帮助和指导。另外马来西亚、菲律宾和印尼三国在安全领域进一步开展合作，三国的武装部队领导人、警察总长和情报首长分别在6月和10月两次举办三边会议，以反恐议题为主要会议内容。② 由于菲律宾面临菲南恐怖武装分子的威胁，而马来西亚的沙巴州在2013年也曾被这类武装分子入侵过，所以对这类议题非常重视。

在东盟成员国中，和马来西亚关系闹僵的是缅甸。自2015年缅

① "Japan-Malaysia Summit Meeting", Ministry of Foreign Affairs of Japan, November 16, 2016, https://www.mofa.go.jp/s_sa/sea2/my/page4e_000552.html.

② "Indonesia, Malaysia, Philippines to discuss cooperation in counter-terrorism", *The Straits Times*, November 10, 2017, https://www.straitstimes.com/asia/se-asia/indonesia-malaysia-philippines-to-discuss-cooperation-in-counter-terrorism.

甸若开邦爆发罗兴亚人难民危机后，马来西亚穆斯林民众对同为穆斯林的罗兴亚人抱有极大的同情心。马来西亚在东盟内成为对缅甸施压最多的国家，造成缅甸的不满，缅甸宣布禁止本国劳工到马来西亚务工，因此两国的关系不佳。马来西亚虽然曾接收过部分罗兴亚难民，但这个议题本质上对马来西亚国家利益无太大影响，纳吉布政府高度关注这个议题，主要是想以此吸引穆斯林选民。9 月 5 日，马来西亚外交部就罗兴亚人危机传召缅甸驻马来西亚大使。在 9 月 22 日的联合国大会上，马来西亚外交部长阿尼法在发言中提到了缅甸军方对罗兴亚人展开“不人道的暴力行动”。9 月 24 日，东盟主席国在纽约发表了一份《东盟主席国就缅甸若开邦人道处境的声明》，称其获得东盟所有成员国外长的支持。该声明谴责了武装分子对缅甸军方的袭击，但几乎没提到缅甸军方对罗兴亚人的镇压。阿尼法在同日发表声明表示马来西亚不支持这项声明，同时大力呼吁缅甸官方停止对罗兴亚人的暴力行为。同时马来西亚（和印尼）也积极支持孟加拉国接收安置来自缅甸若开邦的难民。

（六）马来西亚和中东/伊斯兰世界：平衡各国，靠向沙特阿拉伯

除了缅甸的罗兴亚人危机外，马来西亚也积极参与中东错综复杂的伊斯兰世界的外交事务。[①] 与马来西亚周旋于中美日等大国博弈中并保持与各国关系平衡一样，马来西亚也试图在伊斯兰世界内部的纷争中保持中立和关系平衡。“卡塔尔事件”就是一个很好的例子。2017 年 6 月爆发了卡塔尔危机，卡塔尔遭到以沙特阿拉伯为首的“海湾阿拉伯国家合作委员会”（简称“海合会”）的孤立，但同时

---

① 伊斯兰教一直以来是马来西亚外交政策的影响因素之一。有关这方面的探讨，可参考廖振扬（Afif Pasuni）：《马来西亚与伊斯兰世界之关系》，收录于蓝中华主编《马来西亚外交与国防》，吉隆坡：马来西亚华社研究中心，2018，第 223 ~ 240 页。

也得到沙特的死敌——伊朗的支持。2017 年，马来西亚与卡塔尔以及沙特阿拉伯都有密切的往来和互动，但也引发了马来西亚国内一些有关外交部长和国防部长不和的传闻（外交部长阿尼法倾向于保持中立，而国防部长希山穆丁倾向于靠向沙特阿拉伯）。

副总理扎希德和外交部长阿尼法分别在 2 月初和 5 月中旬访问卡塔尔，卡塔尔国王塔米姆也于 10 月中旬对马来西亚进行国事访问。同一段时间内，马来西亚和沙特阿拉伯也有非常频密的互动。2 月末到 3 月初，沙特阿拉伯国王萨勒曼访问马来西亚，两国签署了几项合作协议，但其中引人注目的主要合作项目是在马来西亚设立一个以沙特国王名字命名的智库"萨勒曼国王国际和平中心"（King Salman Centre for International Peace），这家智库由沙特军方的"思想战争中心"（Intellectual Warfare Centre）、马来西亚国防部和马来西亚伊斯兰科学大学联合筹备，中心以反恐（反"伊斯兰国"等）为重点任务，标志马来西亚和沙特在反恐议题、意识形态和军事合作上更靠近一步。纳吉布也在 5 月下旬到沙特进行工作访问并参加"阿拉伯世界和美国高峰会议"。随纳吉布到访的是国防部长希山穆丁。纳吉布表示马来西亚积极支持沙特作为伊斯兰世界里反恐的首领。除此之外，马来西亚和隶属沙特阵营的巴林王国也积极进行互动，巴林国王哈马德于 5 月初访问马来西亚，两国在军事领域达成许多共识，而纳吉布和希山穆丁则在 12 月中旬回访巴林。

"卡塔尔事件"爆发后，马来西亚在 6 月 29 日发表了一项声明，表示其立场是"积极中立"（active neutrality），希望能够扮演从中调停的角色。虽然如此，马来西亚向来被认为更加倾向沙特阿拉伯。希山穆丁从 2016 年就开始积极经营和沙特的关系，特别是军事关系，包括促成马来西亚和沙特的联合军演。在马来西亚和沙特的互动中很少看到外交部长阿尼法的影子，而在马来西亚和卡塔尔的互动中则更少看到希山穆丁扮演任何角色，这使得国内传出有关两个部长不和的消息，不过外交部在 8 月 15 日特地发表一项声明，否认阿尼法和希山穆丁不和。

（七）总结：对华突出，平衡外交

纳吉布任内，中马关系确实取得了突飞猛进的发展，但在与中国加速发展关系的同时，纳吉布并未与其他大国保持距离，而是尽量同时加强和其他大国的关系，只是因为种种因素，与其他国家的关系没有中马关系发展的迅速。在整个东亚乃至“印太”地区，马来西亚依然很明显地奉行“等距离”外交，同时对中、美、日、印度等都保持友好关系，因而可以说是“对华突出，平衡外交”。

另外，纳吉布政府的外交政策在 2017 年有一个比较大的调整，就是涉及中东和伊斯兰世界事务的力度加大，并且比较倾向沙特一方。这个外交调整也许和马来西亚国内的总体“伊斯兰化”趋向有关。为了争取日益“伊斯兰化”和保守化的穆斯林选民的支持，纳吉布必须维持其在伊斯兰世界的形象，以与在野党竞争选民的选票。不过，涉入错综复杂的中东事务，也会给马来西亚带来严峻挑战。

二　希望联盟政府外交政策初探

如前所述，2018 年的大选带来了马来西亚政治上的全新局面。执政前的希望联盟，在大选期间并没有太多针对外交议题抨击当时执政的纳吉布和国阵的言论，主要是以“一马公司”丑闻、政府腐败、消费税等民生压力议题作为重点，攻击执政联盟国阵。唯一的例外，就是纳吉布的对华政策和所谓的“中国因素”。[①] 国阵确实想以中马

① 饶兆斌：《第 14 届马来西亚大选中的中国因素》，收录在潘永强编《未巩固的民主：马来西亚 2018 年选举》，吉隆坡：马来西亚华社研究中心。

友好关系作为争取华人选票的抓手。纳吉布曾警告选民称如果政府更换的话，会导致中马关系倒退。国阵成员党之一的马来西亚华人公会，甚至在其竞选海报上印上中国国家主席习近平的肖像，主打“亲中国牌”。但国阵早已失去华人选民的支持，所以国阵的策略并没有增加华人的选票。

希盟方面，部分候选人，特别是来自马哈蒂尔所属的土著团结党的候选人，在以乡村马来人为主的选区竞选时，也确实抨击过纳吉布的对华政策。马哈蒂尔也数次发表言论批评中资项目，包括上述的东海岸铁路项目。不过，总体而言，希盟并未以“反华”作为其政治外交的立场，对中国的批评只是作为个别现象存在。除了中国之外，其他外交议题基本上没有在选举期间出现。

（一）马哈蒂尔的外交团队：内阁缺乏外交人才，马哈蒂尔强势主导

希盟过去长期作为反对党，讨论的政治议题主要是国内议题，鲜少关注国际和外交议题。希盟成立新政府之后，发现其联盟内具有国际和战略视野、了解地缘政治、懂外交的人才其实很少。

目前而言，马哈蒂尔的外交团队，其实更大程度上是马哈蒂尔一人主导，其强势主导的特征会比纳吉布更明显。首先，副总理万·阿齐扎是作为希盟最大党人民公正党的领袖担任副总理，兼任妇女、家庭与社会发展部部长，除了从事礼仪性的外交出访和接见外，不会在外交事务上有太大作为。国防部长沙布是位毫无国防经验的新手，在国防乃至国际战略事务上必须从零开始。沙布出身草根，很受民间的爱戴和拥护，但他被委任为国防部长，是因为他是联盟成员党之一的国家诚信党的党魁，而非他对国防工作有深入的了解或专门独到的看法，因此，这是一项政治任命而非专业任命。

马哈蒂尔宣誓担任总理后，分三次公布内阁名单，而外交部长赛夫丁是在最后一批阁员任命之中，这其实也透露了马哈蒂尔由于一直没有找到适合的外交人才，迟迟无法任命。赛夫丁曾经在纳吉布政府内担任高等教育部副部长，后来也曾负责推动纳吉布的“全球中庸运动”。虽然曾为纳吉布政府的一员，但赛夫丁向来口碑良好，形象开明，和非政府组织多有互动，也具有一定的国际视野，但和沙布一样，搞外交完全是新手。

新政府内也并非毫无懂国际战略事务的专才，比如国防部副部长刘镇东、国际贸易与工业部副部长王健民等，但他们的政治分量还比较轻。因此，在外交事务上，马哈蒂尔会“亲自抓”。马哈蒂尔再次担任总理以来，新政府的主要对外方向，包括其对华政策，基本上由他亲自定调。

（二）新政府外交方向初探：调整对华政策、重建传统、降低对中东/伊斯兰世界的涉入、关注价值议题

上任以来，马哈蒂尔已经积极频密地重现在国际外交舞台上。截至 2018 年 11 月 5 日，马哈蒂尔已经三次访日、一次到美国联合国总部演讲，同时访问了中国、英国、泰国、印尼、文莱。另外他也会见了多位外国领导人，如印度总理莫迪和菲律宾总统杜特尔特。以马哈蒂尔 93 岁的高龄而言，其工作效率和精力可以说是相当惊人的。

纵观马哈蒂尔和新政府上任后的外交表现，并综合观察分析其言行，可以归纳出四个特点。

第一，调整对华政策，维持平衡外交。如前所述，纳吉布虽然也搞平衡外交，出访过多个大国，与多个国家同时发展关系，但中马关系发展的速度快于其他国家。而马哈蒂尔上台后，在对华关系方面做出了调整，既肯定和中国的战略关系、表示继续支持“一带一路”倡议，欢迎中资进入马来西亚，但又毫不犹豫地终止了数项中资项

目，包括上述争议颇多的东海岸铁路项目。马哈蒂尔对部分中资项目的批评和反对，一定程度上确实影响了中马关系。马哈蒂尔于2018年8月访华，和习近平、李克强等中国国家领导人会面，争取获得中方对马来西亚取消中资项目的谅解。整体而言，纳吉布时代中马关系发展的速度已经放慢。① 相较之下，马哈蒂尔积极和日本互动，三访日本、重提“向东政策”、欢迎日资进入马来西亚、向日本贷款、鼓励日本大学到马来西亚设分校等。同时，对美国依然保持其一贯的“反美/防美”特色，与美国保持一定的距离。

虽然马哈蒂尔和中、美、日三国的互动很容易造成其“疏中、亲日、防美”的印象，但马哈蒂尔很清楚，和中国的关系依然是马来西亚外交的重中之重，不会轻易破坏。多位内阁成员也很清楚，良好和健康的中马关系对马来西亚的发展至关重要。调整对华政策，不是要使中马关系受损，而是让中马关系处于更稳健的基础上，使马来西亚的平衡外交更健全。

第二，重建传统，包括重视东盟、不结盟运动、南南合作的传统。从巴达维时代开始，马来西亚就开始偏离了马哈蒂尔重视的这些传统，到纳吉布时代更是如此。“不结盟运动”和“南南合作”基本上在马来西亚官方外交的论述中消失了十多年。纳吉布时代，官方论述依然强调重视东盟，不过纳吉布实际上更有兴趣周旋于大国和中东/伊斯兰世界之中。马哈蒂尔重新上台后对英美国家冷淡、其在联合国大会发表的演讲、和东盟国家领导人的密切互动，乃至其重修和朝鲜关系的决定，② 都在一定程度上体现了马哈蒂尔致力于重建这些

① 林友顺：《中国期待安华扭转马中关系》，《亚洲周刊》2018年10月21日，https://www.yzzk.com/cfm/blogger3.cfm?id=1539228935770&author=%E6%9E%97%E5%8F%8B%E9%A0%86.

② “Malaysia PM expresses readiness to normalize ties with North Korea”, Kyodo News, June 26, 2018, https://english.kyodonews.net/news/2018/06/1ea45a443c15-malaysia-pm-expresses-readiness-to-normalize-ties-with-n-korea.html.

被纳吉布忽视了的传统。

第三，降低对中东/伊斯兰世界的涉入。纳吉布时代，马来西亚靠向沙特阿拉伯，积极涉入中东/伊斯兰世界。但马哈蒂尔除了持续抨击以色列外，向来对中东事务没有多大兴趣，多年来对中东世界里阿拉伯国家的乱象感到失望。“一马公司”的问题，包括纳吉布涉嫌的个人腐败，也和沙特王室扯上关系。2018 年 9 月 10 日，纳吉布公布相关文件，证明他个人银行账户中的巨款来自沙特阿拉伯王室捐赠。加上沙特王室和美国、以色列日益紧密的关系，更加深了马哈蒂尔对沙特的不满。新政府上台后不久，就决定把驻扎在沙特阿拉伯的马来西亚军队调回国。① 另外，由沙特军方支持的反恐智库“萨勒曼国王国际和平中心”也被新政府关闭了。② 不过，马来西亚作为以穆斯林为多数群体的国家，同时也由于其国内穆斯林群体和国外穆斯林群体的联系，马来西亚是不可能完全脱离中东/伊斯兰世界的。

第四，注意价值议题。这和马哈蒂尔的关系不大，而更多是外交部长赛夫丁，乃至部分希盟政治人物的任务。如前所述，赛夫丁本人和许多非政府组织、公民社会组织关系良好，而这些组织所推动的很多议程，都是涉及价值信念的，包括人权、民主、环保、和平等。希盟里也有许多上届政府内从事公民社会，甚至是跨国公民社会运动的政治人物，他们也希望推动马来西亚外交引入更多有关价值信念的因素，一改过去马来西亚外交不谈价值的传统。因此，外交部长赛夫丁第一次成立了一个外交咨询机构（Consulatative Council of Foreign

① “Mat Sabu: Malaysian troops in Saudi to be withdrawn soon”, Malaysiakini, June 28, 2018, https://www.malaysiakini.com/news/431714.

② “Putrajaya shuts down Saudi-backed anti-terrorism centre”, Free Malaysia Today, August 6, 2018, https://www.freemalaysiatoday.com/category/nation/2018/08/06/putrajaya-shuts-down-saudi-backed-anti-terrorism-centre/.

Policy)，成员包括许多公民社会组织。[①] 不过，估计这种在外交上重视价值的新姿态，在一段时间内仍会处于边缘地带，马来西亚外交依然会以传统的国家利益为优先。

三 总结：变化中的延续性

马来西亚执政党轮替，确实是其本国，乃至整个东南亚的一个重大事件。本文从外交的角度，梳理了前任政府在失去执政地位之前的外交活动，以及新政府上台后在有关外交政策上的调整和变化。本文第二部分，提出了新政府相对于前政府有四个方面的变化，其中对华政策调整、重建传统、降低对中东/伊斯兰世界的涉入、注意价值议题都是重要的变化。但关注变化的同时，也不能不关注外交的延续性。很大程度上，马来西亚的外交除了受到领导人个人特色和喜好的影响，也受到国内政治、地缘政治和国际格局等结构性因素的影响。以大国之间维持平衡的外交为例，纳吉布和马哈蒂尔虽然在外交上的重心有所不同，但总体而言，都是维护马来西亚的中立外交政策，避免过度倒向任何一个大国，与所有大国维持和发展友好关系，这是20世纪70年代以来的大传统，是维护马来西亚国家利益的共识。国际关系学界近年来所注意到的“对冲理论”（hedging），就是对这种结构性因素的诠释。而马来西亚身处东南亚，和东盟的命运联系在一起。虽然纳吉布热衷于和大国发展关系，甚至多少忽略了东盟，但始终没有排除东盟对马来西亚的重要性，而马哈蒂尔更是如此。

---

① “The establishment of a consultative council of foreign policy”, Ministry of Foreign Affairs Malaysia, October 21, 2018, http://www.kln.gov.my/web/guest/-/press-release-the-establishment-of-the-consultative-council-on-foreign-policy?inheritRedirect=true&redirect=%2Fweb%2Fguest%2Fpress-releases.

因此，看待中马关系，也需要有这种“变化中的延续性”的理解。虽然新政府调整了对华政策，但这不代表马来西亚不再重视中国。中马关系对马来西亚的重要性并不会因为执政党轮替而改变。因此，调整政策也是为了构建一个更稳健的中马关系。

专题报告

Special Reports

B.5 马来西亚旅游业发展

康　敏*

摘　要： 马来西亚实行以政府为主导的旅游业发展模式，在近半个世纪的时间里旅游业发展迅速。目前旅游业已经成为马来西亚国民经济的重要支柱性产业，旅游业收入不仅占到国内生产总值（GDP）的15.2%，而且提供了23.5%的就业岗位。通过出台指导性的旅游发展规划和相关政策法规，马来西亚继续加快发展医疗旅游、教育旅游和生态旅游等特色旅游，推动旅游业朝着可持续的方向发展，同时也借助旅游业继续调整产业结构，实现

* 康敏，博士，北京外国语大学亚洲学院副教授，研究方向为东南亚地区研究、生态女性主义研究、东南亚人类学等。中央民族大学世界人类学与民族学研究中心硕士生杨凡莹对本文亦有贡献。

经济转型，进而解决国内的社会发展不平衡问题。

关键词： 旅游业　医疗旅游　生态旅游　旅游竞争力

对于许多发展中国家来说，旅游业是对经济增长最重要，也最具有活力和吸引力的产业之一。旅游业的贡献不仅在于可赚取可观的外汇，还会对这些国家的政治稳定、经济转型、社会矛盾缓解和文化事业发展有所裨益。2018 年，全球旅游业收入已占到全球 GDP 总量的 10.4%，在过去 10 年里展现出强劲的增长力。全球旅游业给就业带来很大贡献，每 10 个工作中就有 1 个来自旅游业，其行业发展速度远高于全球经济发展的平均水平。① 根据马来西亚统计局 2019 年 9 月公布的最新数据，2018 年，马来西亚共接待游客 1.893 亿人次，实现旅游总收入（Gross value added of tourism）2206 亿林吉特，比 2017 年增长了 10%，已经占到 GDP 总量的 15.2%，也是国民总收入（GNI）的第三大贡献者。旅游业在 2018 年一共创造了 350 万个就业岗位，占国内就业人数的 23.5%。② 旅游业已成为马来西亚经济的主要驱动力之一。

一　旅游业发展概况

（一）旅游资源

马来西亚的旅游资源极为丰富。充足的阳光、美丽的沙滩、神奇

① World Economic Forum, The Travel & Tourism Competitiveness Report 2019: Travel and Tourism at a Tipping Point, p. 3. https://www.weforum.org/reports/the-travel-tourism-competitiveness-report-2019.

② 马来西亚统计局网站，https://www.dosm.gov.my/v1/index.php?r=column/cthemeByCat&cat=111&bul_id=Wk1KWlpxZTRDWnVhVWNMV21ZVVY3Zz09&menu_id=TE5CRUZCblh4ZTZMODZIbmk2aWRRQT09（访问时间：2019 年 9 月 26 日）

的动植物世界、丰富多彩的文化遗产和友好的人民是马来西亚旅游业的最大优势。

从地理上看，马来西亚地处赤道附近的亚洲大陆最南端，属于热带雨林气候和热带季风气候，内地和山区的年平均气温为22℃～28℃，沿海平原为25℃～30℃，无明显的四季变化，全年都适合旅游。马来西亚的大部分地区被海洋包围，海岸线长达4192公里，沿岸分布着多个高质量的沙滩和海岛。多样的地理景观与丰富的动植物资源为开展生态旅游奠定了良好基础，这里野外活动丰富，既可以探索洞穴、登山、攀岩，也可以潜水、观鸟、垂钓、雨林探险。

从历史上看，马来西亚自古以来就是世界贸易的中心，也是儒家、印度教、伊斯兰教、基督教等几大文明的交汇之处，它们给马来西亚留下了丰厚的文化遗产。马来西亚的文化资源十分丰富，独特的多元文化遗产受到伊斯兰国家、中国、印度和西方的深远影响，使它成为一个“小亚洲”。这种文化多样性在“马来西亚，亚洲魅力所在”（Malaysia Truly Asia）这句宣传口号中得到了清晰的表达。

马来西亚是联邦制的君主立宪政体国家，族群和文化构成多样。语言、饮食、服装、艺术等方面的多样性既使马来西亚充满文化魅力，也为其吸引国际游客提供了必不可少的语言人才和宽松的文化氛围。

马来西亚位于东南亚的中心，地理位置优越，拥有世界重要的交通要道马六甲海峡，每年来自世界各地的船只停靠这里，使其成为经济运转的重要支点。马来西亚交通便捷，拥有完善的公路、铁路、航空及海上交通系统，为旅游业的发展提供了很好的基础保障。

（二）旅游业的起步与发展

早在20世纪60年代，马来西亚政府就将旅游业作为经济发展的新兴力量之一，但一直到70年代，国家经济还严重依赖石油、橡胶、锡和棕油等初级商品出口，旅游业的发展并未得到重视。1972 年，马来西亚成立了旅游发展公司（Tourism Development Corporation of Malaysia，TDC），当时发展旅游业的目标主要是提高外汇收入，增加就业率和收入，促进地区发展。但旅游发展公司的表现并不起眼，与同样地处东南亚的泰国、新加坡和印尼的巴厘岛相比，马来西亚仍然是一个不为人知的目的地。

进入 20 世纪 80 年代以后，世界旅游业的发展呈现井喷态势，而同一时期，初级工业产品的价格却在下跌，这促使马来西亚政府开始正视旅游业在经济和社会发展中的潜力，以及在促进国家团结和统一方面的作用。马来西亚第四个“五年计划”第一次反映了国家对发展旅游业的真正重视。虽然此后每个“五年计划”都有所侧重，但都对旅游业发展提出明确的目标和措施、政府的投资方向等。[①]

除了“五年计划”之外，政府出台的具有指导意义的旅游业发展政策还包括：1975 年的《马来西亚旅游业发展计划》（Malaysia Tourism Development Plan）、1989 年的《国家旅游业发展指引》（Guidelines for National Tourism Development）、1990 年的《马来西亚旅游业政策文件》（Malaysia Tourism Policy Document）、1992 年的《国家旅游政策》（National Tourism Policy，NTP）、1996 年的《国家生态旅游规划》（National Ecotourism Plan，NEP）、2003 年的《国家旅游政策（Ⅱ）》（The Second National Tourism Policy）和 2010 年的《马来西亚旅游业转型方案》（Malaysian Tourism Transformation Plan，MTTP）。

在 1992 年出台的《国家旅游政策》中，国家设立了发展旅游业的一系列经济、社会和政治目标：在经济上要解决就业、推进城

① Azizan Marzuzi，Tourism Development in Malaysia. A Review on Federal Government Policies，Theoretical and Empirical Researches in Urban Management，Nov. 2010.

乡一体化、推动经济公平发展；在政治上要发展外交、改善国际形象、促进国家统一；同时还有实现社会发展、推动文化交流等社会目标。为了实现上述目标，马来西亚决心突破原先的“海洋、沙滩”等旅游产品格局，发展一系列新形态产品，包括生态旅游、乡村旅游、文化遗产旅游、会展旅游等。同时通过大量投资旅游购物业和举办“销售嘉年华”活动，将马来西亚建成著名的国际旅游购物目的地。

为了实现马来西亚在2020年成为高收入国家的目标，2010年启动了《经济转型方案》（ETP），旅游业被认为是可以对经济转型有所贡献的国家重要经济领域（The National Key Economic Areas，NKEAs）之一。于是，紧接着出台了《马来西亚旅游业转型方案》，以释放旅游部门的增长潜力。该方案提出的目标是到2020年要吸引3600万名国际游客，创收1680亿林吉特（约每周创收30亿林吉特），外汇收入总额扩大3倍。旅游业发展的重点是：可负担的豪华商务旅游、自然探险、家庭娱乐、赛事和娱乐、水疗与运动。2012年有关旅游业的《经济转型方案》公布的报告称，未来将聚焦于12个领域：①推动马来西亚成为一个免税购物目的地；②将吉隆坡的武吉免登区（Bukit Bintang）设计成为有活力的购物中心；③建设品牌直销购物中心（premium outlets）；④让马来西亚成为全球生物多样性中心；⑤建设一个生态—自然度假村；⑥发展游轮旅游；⑦发展高尔夫旅游；⑧瞄准更多的国际赛事；⑨创建专门的娱乐区；⑩发展地方专业技能，同时控制水疗产业；⑪提高酒店的质量和数量；⑫将马来西亚建设成为领先的商务旅游目的地。

（三）旅游管理部门

负责马来西亚旅游业发展的最重要的两个政府部门是旅游、艺术和文化部（Ministry of Tourism，Arts and Culture）和马来西亚旅游局

(Malaysia Tourism Promotion Board)。[①]

旅游、艺术和文化部是在第 14 届大选后由原先的“旅游与文化部”更名而来，它的一个重要职能就是出台国家旅游发展政策，规划旅游业的未来发展方向，同时协调马来西亚政府部门与各州的权限。除了提供适合的制度框架和司法框架之外，也积极组织制定各种相关法律法规，并促成其正式通过。旅游、艺术和文化部现任部长为穆罕默丁（YB Datuk Mohamaddin Bin Haji Ketapi）[②]，1957 年 6 月 3 日出生于沙巴，国会议员，于 2018 年 7 月 2 日上任。

马来西亚旅游局的主要职责则是在全球范围内进行马来西亚旅游市场的营销推广，提供投资机会。它设有 30 个海外办事处，在 7 个重要客源国设有市场营销代表处。[③] 为推广马来西亚的旅游形象而设立的“马来西亚旅游年”已经成为旅游局的一个最重要的旅游文化品牌。旅游局设计打造的马来西亚旅游形象先后有“美丽的马来西亚”（Beautiful Malaysia）、“马来西亚唯一”（Only Malaysia）、“魅力马来西亚”（Fascinating Malaysia），现在则是“马来西亚，亚洲魅力所在”。这一宣传口号强调文化的多样性，强调代表了亚洲的主要文明（马来文明、中华文明和印度文明）。目前政府正在推出“2020 大马观光年”（Visit Malaysia 2020），自 1990 年来，马来西亚曾举办过四次观光年活动。2020 观光年徽标中包含犀鸟、蜡染、国花等马来西亚特有资源。官方还推出英语、马来语版本的相关主题曲，将传统乐器的优美和现代音乐节奏融合，完美展现了马来西亚的社会多样性。

---

① 有的译为“旅游促进局”或“旅游观光局”。

② 穆罕默丁是沙巴民族复兴党成员，此前在沙巴州政府任职，在第 14 届全国大选中赢得沙巴 Silam 地区的议席。

③ Tourism Malaysia Integrated Promotion Plan 2018 - 2020，p. 4. https：//www. tourism. gov. my/activities/view/tourism - malaysia - integrated - promotion - plan - 2018 - 2020.

马来西亚旅游局从 2003 年开始，每年都与会展机构、目的地管理公司、旅行社协会、酒店协会合作到欧美、日本、中国、印度等主要客源市场进行以“相聚、体验马来西亚”为主题的旅游推介活动，重点促销会展旅游，旨在吸引更多的会展主办方前往马来西亚举办会展；在亚太、欧美地区的主要媒体、网站上刊登专门针对会展旅游团队的广告等。

随着医疗旅游、教育旅游、运动休闲旅游、生态旅游等新形态旅游的发展，其他一些政府部门也参与到旅游业的管理和规划当中，其他涉及旅游业发展的主要联邦机构还包括：①农业局（Department of Agriculture，农业旅游）；②林业局（Department of Forestry，生态旅游）；③渔业局（Department of Fisheries，滨海旅游）；④野生动物与国家公园局（Department of Wildlife and National Parks，生态旅游）；⑤原住民事务局（Department of Aborigines' Affairs，民族旅游）；⑥博物馆与文物局（Department of Museums and Antiquities，遗产/文化旅游）。

二　发展现状

（一）主要统计数据

进入 20 世纪 90 年代以后，在国家的大力推动以及全球旅游业全面兴起的背景下，马来西亚的旅游业发展迅速，但不时遭到一些打击，如 1997 年开始的亚洲金融危机、2003 年由“非典”引起的健康恐慌、2004 年底的印度洋海啸、近几年来沙巴州多次发生的绑架和枪击事件，以及 2014 年 4 个月内马航连续发生 2 次事故……，这些都给马来西亚的旅游业带来了严重的负面影响。尽管如此，从总体上看，马来西亚旅游业收入还是一路走高，只是在 2003 年和 2015 年有明显下降。2011～2018 年，马来西亚的旅游业收入从 583.2 亿林吉特增长到 841.4 亿林吉特（见图 1）。

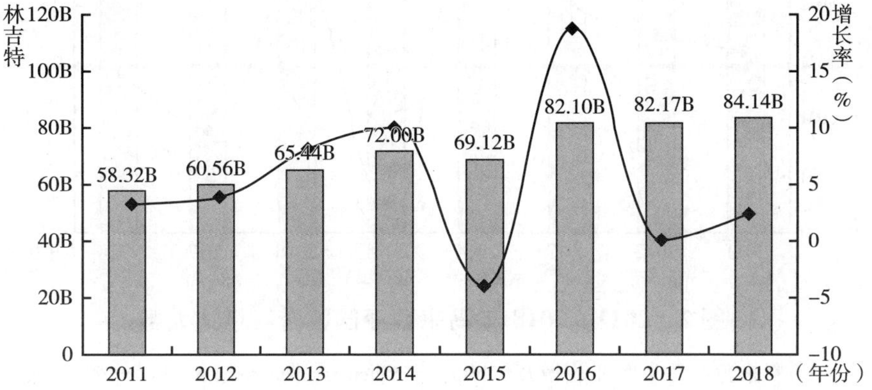

图 1　2011～2018 年马来西亚旅游业收入

资料来源：马来西亚旅游局，http：//mytourismdata. tourism. gov. my/？page_id = 242#！from = 2011&to = 2018&destination = 34MY。

在 20 世纪 60 年代旅游业刚刚起步的阶段，马来西亚就把发展重点放在国际市场上，主要面向国际市场推广。1998～2014 年，马来西亚的国际游客数量迅速增长，除了在 2003 年受到“巴厘岛爆炸事件”和“非典”的共同影响，游客数量下降之外，伊拉克战争、印度洋海啸、H1N1 流感和世界经济危机都没有阻挡游客量持续增长的步伐，直到 2015 年 3 月的“马航事件”。1998 年，马来西亚的国际游客抵达人数为 556 万人次，而到了 2018 年，已经高达 2583 万人次。2011～2018 年每年抵达的国际游客人数见图 2。

与 2017 年相比，2018 年的国际游客人数从 2595 万人次减少到 2583 万人次，下降了 0.5%，这主要是由于来自新加坡和文莱的游客减少，但来自印尼、中国、韩国和印度的游客增长迅速，从而减缓了衰退趋势。2018 年入境人数排名前 10 位的国家及其变化见表 1。外国游客平均在马来西亚停留 6.5 个晚上，比上一年延长 0.8 晚。来自

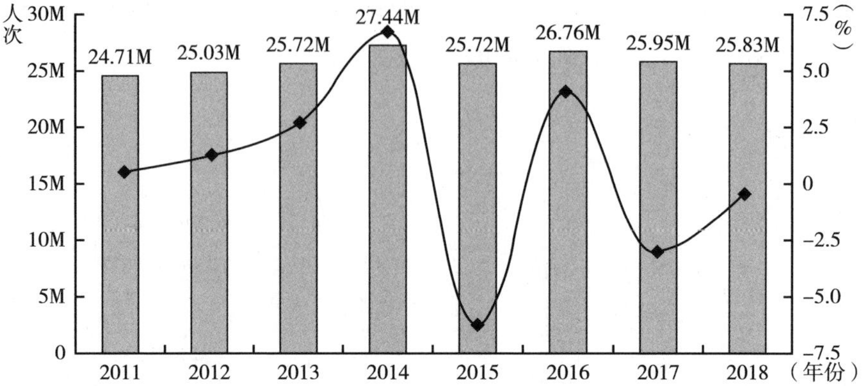

图 2　2011～2018 年马来西亚国际游客抵达人数

资料来源：马来西亚旅游局，http：//mytourismdata. tourism. gov. my/？page_id＝14#！from＝2011&to＝2018&destination＝34MY。

沙特阿拉伯、科威特和阿联酋等西亚国家的游客和来自英国、丹麦、荷兰等欧洲国家的游客通常要比其他地方的游客停留更长时间。

表 1　2018 年马来西亚前十大国际客源地

排名	国家/地区	入境游客人数(人次)	与 2017 年相比(%)
1	新加坡	10615986	－14.7
2	印度尼西亚	3277689	＋17.2
3	中国	2944133	＋29.0
4	泰国	1914692	＋4.3
5	文莱	1382031	－16.1
6	韩国	616783	＋27.3
7	印度	600311	＋8.6
8	菲律宾	396062	＋6.9
9	日本	394540	＋0.4
10	中国台湾	383922	＋15.3

资料来源：根据 Malaysia Tourists Profile 2018 整理。

2018 年外国游客在马来西亚总开销达 841 亿林吉特，相比 2017 年增长 2.4%；平均每位游客每次消费 3257 林吉特，相比 2017 年增长 2.9%，其中购物、住宿和饮食等消费占比较大（72.5%），达610 亿林吉特。[①] 从游客支出总额上看，排名前三位的客源国分别是新加坡（272.6 亿林吉特）、中国（123 亿林吉特）和印尼（110.7 亿林吉特）。但如果从日均支出和人均支出上看，排名前三位的则是沙特阿拉伯、科威特和阿曼。沙特阿拉伯游客也是在马来西亚停留时间最长的游客，长达 10.9 个夜晚。[②]

在创造就业方面，2018 年马来西亚旅游业共雇用 350 万人，年增长 4.9%，占总就业人数的 23.5%。从行业分布来看，零售业和餐饮业雇用人数最多，分别占 34.1% 和 33.1%，两者之和就占到了旅游业总就业人数的 67.2%。

（二）旅游业竞争力

2019 年，世界经济论坛发布了最新的旅游业竞争力指数（TTCI），马来西亚在进入榜单的 9 个东南亚国家中排名第二，仅次于新加坡。马来西亚的排名比 2017 年下降三位，但指数得分与 2017 年基本持平，为 4.5 分（见表 2）。[③]

世界经济论坛的《世界旅游业竞争力报告》每 2 年出版一次。2019 年对全球 140 个国家旅游业促进经济与社会效益的潜力进行了

---

① Tourism Malaysia, Malaysia Tourists Profile 2018: By Selected Markets, http://mytourismdata.tourism.gov.my/wp-content/uploads/2019/07/Tourism-Profile-2018-final_02-July-20192.pdf.

② Tourism Malaysia, Malaysia Tourists Profile 2018: By Selected Markets, http://mytourismdata.tourism.gov.my/wp-content/uploads/2019/07/Tourism-Profile-2018-final_02-July-20192.pdf.

③ World Economic Forum, The Travel & Tourism Competitiveness Report 2019: Travel and Tourism at a Tipping Poin, 2019 SEP 4, pxiii. https://www.weforum.org/reports/the-travel-tourism-competitiveness-report-2019.

评估，通过旅游环境、政策条件、基础设施、自然与文化资源 4 个方面的 14 项具体指标进行排名，并以丰富数据分析各国旅游业发展的优势与短板。马来西亚得分最高的指标是价格竞争力（Price competitiveness），为 6.3 分，全球排名第五位；其次为安全保障（Safety and security），得分为 5.9 分，全球排名第 34 位；商业环境（Business environment）指标也得分较高，为 5.5 分，居全球第 11 位。马来西亚得分较低的指标是环境可持续性（4.0 分）、自然资源（3.8 分）、文化资源与商业旅游（2.6 分）。[①] 其中最后一项得分较低的原因主要是召开国际性会议的次数少和大型体育运动场馆少，东南亚国家在这一项上得分普遍偏低。

表 2　东盟国家旅游业竞争力指数排名（2019 年）

东南亚国家排名	国家	竞争力世界排名	得分	排名变化(自 2017 年)
1	新加坡	17	4.8	-4
2	马来西亚	26	4.5	-3
3	泰国	31	4.5	+3
4	印度尼西亚	40	4.3	+2
5	越南	63	3.9	+4
6	文莱	72	3.8	n/a
7	菲律宾	75	3.8	+5
8	老挝	97	3.4	-3
9	柬埔寨	98	3.4	+3
	中国	13	4.9	+2

资料来源：World Economic Forum, The Travel & Tourism Competitiveness Report 2019, p. xiii。

① Malaysia: Travel & Tourism Competitiveness Index 2019 Edition, http: //reports. weforum. org/travel - and - tourism - competitiveness - report - 2019/country - profiles/? doing_ wp_ cron = 1570100983. 6783549785614013671875#economy = MYS.

经过多年努力，马来西亚作为旅游目的地得到了全世界的认可。2019 年 3 月 6 ~ 10 日，马来西亚成为柏林国际旅游交易会（ITB）的官方合作伙伴国。2019 年 8 月 26 ~ 28 日，第五届世界旅游大会在吉隆坡举行。

2009 年，马来西亚第一次成为全球十大旅游目的地之一，2014 年被世界最大的私人旅游指南出版社——“孤独星球”出版社（Lonely Planet）评为“十大必到目的地”之一。在 2012 年和 2013 年，吉隆坡被 CNN 旅游调查评选为世界第四大最佳购物目的地，该调查还列出了三个小岛和海滩，作为世界排名前 50 位的最佳海滩。[①] 2013 年，马来西亚被新月评级机构（Crescent Rating）评为最受欢迎的“亲穆斯林度假胜地”（Muslim-Friendly Holiday Destination），还从 2011 ~ 2018 年连续 8 年高居“全球穆斯林旅行指数”（Global Muslim Travel Index，GMTI）排名的榜首。[②] 近年来也多次被“国际生活”（Internationalliving. com）评为世界前十位的“退休天堂”（Retirement Heavens），2018 年排名第五位。[③]

三　特色旅游的兴起

在第十个“五年计划”（2011 ~ 2015）中，马来西亚政府提出要发展“九大核心领域”，即遗产游、生态旅游、民宿游、体育运动游、海滨海岛游、会展游、美食游、高尔夫游、购物与保健游等。最近几年，医疗旅游、教育旅游和生态旅游越来越受到特别关注。

---

① MOTAC，Achievements and Recognitions，2014 June 3，http：//www. motac. gov. my/en/profile/achievements – and – recognitions.

② https：//www. crescentrating. com/halal – muslim – travel – market – reports. html.

③ International Living，The World's Best Places to Retire in 2018，January 1，2018，https：//internationalliving. com/the – best – places – to – retire/.

（一）医疗旅游

医疗旅游又被称为“保健游”，具有极大的创汇潜力，马来西亚政府对医疗旅游的重视和推广在全球范围内都少见。为了推动医疗旅游业的发展，政府在 2009 年专门成立了“马来西亚医疗旅游理事会”（Malaysia Healthcare Travel Council，MHTC），以便为全球患者提供高品质的医疗服务。

数据显示，马来西亚的医疗旅游产业收益高且不断增长。根据国际医疗旅游杂志报告，自 1998 年以来，马来西亚的医疗旅游业以每年 25.3% 的速度不断增长。平均每位患者带来的收入从 1998 年的每人 92 美元，增长到 2008 年的每人 241 美元。

马来西亚私立医院协会（Association of Private Hospitals Malaysia）指出，在马来西亚寻求医疗保健服务的外国人数量已经从 2001 年的 7.521 万位患者增长到 2006 年的 29.6687 万位患者，这创造了总额达 2.0366 亿林吉特的收入。2007 年，马来西亚接待了 341288 位医疗游客，价值 2.5384 亿林吉特。① 2016 年医疗旅游收入超过 10 亿林吉特（见表 3）。②

表 3　2011～2018 年马来西亚医疗旅游人数及产业收入

年份	人数（人）	收入（林吉特）
2011	643000	527000000
2012	728000	603000000
2013	881000	727000000
2014	882000	777000000

① Tourism Malaysia，https：//www. tourism. gov. my/（访问时间：2019 年 10 月 1 日）。

② 《吉隆坡入选全球十大旅游业增长最快的城市》，2017 年 11 月 3 日，http：//www. sohu. com/a/202168043_ 753301（访问时间：2019 年 10 月 1 日）。

续表

年份	人数(人)	收入(林吉特)
2015	859000	914000000
2016	921000	1123000000
2017	1050000	1300000000
2018	1200000	1500000000

资料来源：https://www.mhtc.org.my/。

有竞争力的医疗价格和先进的医疗设施是吸引医疗游客的两个主要因素。马来西亚私立医院协会网站声称，患者在马来西亚任何地方得到的同等治疗和康复的花销，要比其他发达国家和高收入国家优惠得多。例如，在马来西亚进行一次普通的心脏搭桥手术（CABG）只需要6000~7000美元。[①]

马来西亚的医疗水平也居世界前列。全国有224家私立医院，交通方便；88.5%的人口在5公里之内就能找到公立或私立的医院和诊所。医院拥有非常先进的设备，医生们有不少是在英国、美国、澳大利亚这样的发达国家接受训练并拥有较高学历；这里的医护人员都能说英语；文化环境多元，可以满足不同宗教游客在生活上的特殊要求。[②] 在一项对医疗旅游的满意度调查中，研究者发现医院设施和医生是最影响患者满意度的两大因素。[③]

极具性价比的高质量医疗服务、舒适宜人的疗养环境，加之政府的大力推动和重视，马来西亚已成为全球最热门的医疗旅游目的地之

① Association of Private Hospitals Malaysia, http://www.hospitals-malaysia.org/portal/index.asp?menuid=39（访问时间：2019年10月1日）。

② Association of Private Hospitals Malaysia, http://www.hospitals-malaysia.org/portal/index.asp?menuid=39（访问时间：2019年10月1日）。

③ Ghazali M., Darmesh D. R. and KeeMun W., How Satisfied are Inbound Medical Tourists in Malaysia? A Study on Private Hospitals in Kuala Lumpur, *Journal of Travel & Tourism Marketing*. Vol. 29 Issue 7, 2012.

一。与其邻国相比，马来西亚也具有区域优势。比如，新加坡的汇率太高，泰国则政局不稳。

马来西亚政府在促进医疗旅游发展中扮演积极角色，仅 2017 年，就有 6 家新的私立医院在沙捞越州的古晋和民都鲁两地兴建，目的是吸引更多的来自印尼的病患游客。政府曾宣布，2018 年财政预算案中要拨出 3000 万林吉特给马来西亚医疗旅游理事会，打造亚洲医疗保健中心，附加电子签证服务和高价值的医疗服务。为了简化患者进入的手续，马来西亚移民局在主要入境处完善了“绿色通道系统”（the Green Lane System），加快医疗旅行者通关，并为他们延长签证期限 1 ~6 个月。

目前马来西亚正在推出 2020 马来西亚医疗旅游年（MYHT 2020），目标是几个新的东盟市场和中东。马来西亚医疗旅游理事会正在积极将其 79 家成员医院推广到越南、缅甸、柬埔寨和文莱以及孟加拉国以及中东的一些国家，例如卡塔尔、阿曼和沙特阿拉伯。马来西亚正在通过国家心脏研究所和 33 个其他研究中心，将自己打造为“亚洲心脏病和生育中心”。该国在辅助生殖技术——体外受精（IVF）方面的成功率高于全球平均水平。马来西亚医疗旅游理事会的目标是在 2020 年实现 28 亿林吉特（约 6.73 亿美元）的医疗旅游收入。①

（二）教育旅游

教育旅游是一种基于独特的自然资源、历史因素和多元文化环境所倡导的旅游式学习，主要是通过旅游等休闲活动方式，促进人们在多元文化中汲取知识并得到提升。当然，在不同国家教育旅游有不同

① Malaysia Year of Healthcare Travel is Coming for 2020, *International Medical Travel Journal*, 2019 JUL 4. https://www.imtj.com/news/malaysia-year-healthcare-travel-coming-2020/（访问时间：2019 年 10 月 2 日）。

的名称或形式，但各种形式的教育旅游有很多共同点，比如在愉快的环境中学习和提升自我等，其形式也可以为学校旅行、出国游学和研讨会度假等。在过去几十年，马来西亚的国际教育旅游迅速发展，以学习为目的的国际学生流动有了显著增长。根据国际教育研究院（Institute of International Education）的数据，马来西亚在2010年有2.4218万所公立机构和6.2705万所私立机构。[①] 马来西亚国际学校和高等教育机构里的国际留学生人数在2008年是6.5万人，比2006年增长了30%，在2010年达到8.7万人。[②] 2010年，来自国际留学生的外汇收入总额为9亿林吉特。

除了致力于吸引国际留学生之外，马来西亚也重视发掘本国的学生旅游市场。影响最大的是2001年2月24日由旅游、艺术和文化部和教育部联合推出的、旨在让更多学生参与旅游的学生旅游项目（Student Tourism Programme）。该项目的主要目的是：促进国内旅游行为，在学生当中培养旅行文化，并鼓励他们访问历史文化景区、生态旅游景区等；通过明智地和有利地利用学生们的闲暇时间，与在学生中日益增长的社会疾病做斗争；通过有计划的旅游观光活动，强化不同族群间学生之间的互动，在年轻一代中增强族群团结统一。[③]

2014年1月10日，马来西亚正式提出开发教育旅游。时任高等教育部秘书长扎尼·乌江在“访问我的大学”（Visit My Campus）会议上提出，马来西亚当地大学拥有丰富的资源和设施，应该与公众共享。由于教育旅游的想法与国家蓝海战略（NBOS）下的大学社区转

---

① Institute of International Education, http://www.iie.org（访问时间：2019年10月2日）。

② S. Robertson, Strategic Branding leads to growth in international student numbers 2006 - 2008, Global Higher Education Research, 2008, http://globalhighered.wordpress.com/2008/03/16/malaysias - international - student - numbers - increase - by - 30 - between - 2006 - 8/（访问时间：2019年10月2日）。

③ Ministry of Tourism, Arts and Culture, http://www.motac.gov.my/en/programme/tourism/student - tourism - programme（访问时间：2019年10月2日）。

型中心第三项倡议相契合，该倡议得到支持，并由高等教育部、旅游与文化部、马来西亚旅游局以及部分旅行社合作展开。[①]

马来西亚丰富的动植物资源、多元融合的社会文化促使教育旅游极具本土特色。诸如学习传统乐器演奏、体验蜡染手工艺、参观民族博物馆、马六甲历史古迹游和湿地公园生态游等都是当地特色的教育旅游项目。其中，生态景点是推动教育旅游的最大动力，以往的教育旅游集中在东马沙巴州和沙捞越州，随着教育旅游的推广，2018 年霹雳州政府计划将霹州打造为教育旅游枢纽，以让学生通过实地考察，了解生态保育工作及其重要性。[②] 由此可见，在马来西亚，教育旅游与生态旅游联系紧密、相互嵌入。

（三）生态旅游

生态旅游出现于 20 世纪 80 年代，是在环境保护和可持续发展理念下与旅游相互结合的产物。国际生态旅游协会把“生态旅游”定义为：“开发并利用自然环境中所保留的魅力生态资源，同时以此促进人与生态的和谐发展。”[③]

在生态旅游概念刚刚兴起的时候，当时的马来西亚旅游部门就意识到了它的重要性。1996 年，在马来西亚的非政府组织——马来西亚世界自然基金会的帮助下，马来西亚提出了《国家生态旅游规划》。《国家生态旅游规划》是一份综合性设计蓝图，较为详细地涵盖了如何管理自然保护区、整合政府资源、获取财政支持、吸引当地居民参与、联合营销等内容，如今该计划成为马来西亚发展生态

---

① Edutourism on campus，2016 December 5，https：//www. nst. com. my/news/2017/03/194454/edutourism – campus（访问时间：2019 年 10 月 2 日）。

② 《霹拟打造成教育旅游枢纽》，《东方日报》，2018 年 1 月 24 日，https：//www. orientaldaily. com. my/news/north/2018/01/24/229212（访问时间：2019 年 10 月 2 日）。

③ Ties & Ecotourism，http：//www. ecotourism. org/ties – ecotourism – % E4% B8% AD% E6% 96% 87（访问时间：2019 年 10 月 2 日）。

旅游的实际指导准则。2015 年，文化、艺术与旅游部修改了这一规划，使之更具有竞争力，促使马来西亚全境新增了许多生态旅游目的地，如兰卡威岛、彭亨国家公园、沙捞越的京那巴鲁公园和尼亚洞。

2017 年是联合国“国际可持续旅游发展年”，马来西亚出台了《生态旅游发展规划（2016～2025）》，在推动旅游业可持续发展的同时，希望发展生态旅游能起到促进当地经济发展、保护自然环境与文化传统的作用。这份发展规划提出要建设 60 个生态旅游集聚区（ecotourism clusters），其中马来半岛上有 43 个，婆罗洲有 17 个。如果以集聚区所在州属来计算，则沙捞越州拥有的集聚区最多，有 9 个，沙巴州次之，有 8 个。也就是说，未来生态旅游发展重点将会是东马。

在非政府组织方面，马来西亚生态旅游协会（MEA）也开展众多丰富的生态旅游活动。早在 2010 年，该组织就基于乡村旅游的关键要素，提出将旅游业纳入乡村经济发展中，通过一系列定制设计研讨会，发动本地旅游企业提供有效的信息服务来指导乡村社区。2011 年在该组织动员下，召开了全球生态旅游研讨会。[①]

四　中国与马来西亚的旅游交往

直接受益于地缘优势，位于东南亚的马来西亚是 20 世纪 80 年代第一批中国公民旅游的目的地。除了在 2003 年、2005 年受“非典”和印度洋海啸影响，中国游客赴马人数有所减少外，增长趋势明显，直到 2014 年 3 月发生“马航事件”。据马来西亚有关方面统计，2014

① Malaysia Ecotourism Association，http：//www. mea. memberlodge. org/（访问时间：2019 年 10 月 2 日）。

年赴马中国游客骤减22%，仅有161万人次。

为了吸引中国游客回流，马来西亚政府宣布了多项针对中国游客的签证优惠措施，如2015年10月至2016年3月31日，马来西亚推出了“为期6个月的团队免签政策”。2019年7月15日，马来西亚又宣布增加6个出入境口岸，为符合一定条件的中国游客办理落地签证（VOA）。本次放宽的落地签政策主要包括：落地签证停留期限从目前的7天延长至15天，签证办理费用从330林吉特下调至200林吉特，入境携带现金从1000美元降至500美元等。但是，新出台的落地签政策只针对符合相关条件的中国游客，即申请人须自文莱、印尼、新加坡或泰国入境，这意味着，从国内前往马来西亚的中国游客仍需按规定提前办理相关签证。

2016年11月4日，马来西亚旅游局与阿里巴巴集团旗下的综合性旅游出行服务平台“阿里旅行”（Alitrip）签署了战略合作协议，马来西亚时任总理纳吉布与阿里巴巴集团董事局主席马云现场见证，通过手机扫码的方式，为“阿里旅行”马来西亚旅游国家馆揭幕。[①] 通过这一电子平台，中国游客可以直接获得马来西亚的各类旅游产品和服务，而马来西亚的旅行业经营者也可以分得中国海外游市场的更大份额。

2018年8月20日，中马两国政府发布联合声明：“双方认为旅游业在促进人文交流、社会经济可持续发展及增进两国相互理解方面具有重要意义。双方同意加强、深化并扩大有关合作，并宣布2020年为‘中马文化旅游年’。”[②] 2018年12月13日，中国驻马来西亚大

① 《马云揭幕马来西亚旅游国家馆　阿里旅行全球战略提速》，中国新闻网，2016年11月4日，http://news.163.com/16/1104/20/C52B5FTI00014JB6.html（访问时间：2019年10月2日）。

② 《中华人民共和国政府和马来西亚政府联合声明》，2018年8月20日，http://www.gov.cn/xinwen/2018-08/20/content_5315190.htm（访问时间：2019年10月2日）。

使白天拜会了马来西亚旅游、艺术和文化部部长穆罕默丁，双方就促进中马旅游和文化合作等深入交换意见。穆罕默丁表示愿以两国建交45周年和2020“中马文化旅游年”为契机，进一步加强与中方的友好合作，继续为两国文化和旅游合作项目提供最大便利，将不遗余力地优化中国游客在马境内旅游体验，如颁发更多中文导游证，增设机场游客问讯处，改善旅游设施，加强对旅游市场督导监管等，以吸引更多中国游客来马。①

如今，中国已成为马来西亚继新加坡和印尼之后的第三大客源国。数据显示，2016年中国游客赴马来西亚首次突破200万人次，达到212万人次，比2015年增加了27%，2018年赴马旅游的中国游客超过了294万人次。② 中国旅游研究院与马蜂窝旅游网联合发布的《“一带一路”中国出境自由行大数据报告2019》显示，马来西亚在“一带一路”沿线国家旅游热度榜上居第三位，仅次于泰国和新加坡。热门目的地排名前5位的依次为沙巴、亚庇、仙本那、兰卡威和槟城。③ 无论从航空客运、酒店住宿，还是从旅游度假、目的地用车等具体维度来看，前往东马旅游的游客数量增长速度十分惊人。值得注意的是，中国游客赴马的跟团游、文化遗产游和购物游等传统方式已经发生了变化，越来越多的中国游客选择自由行、运动休闲游、亲子游或体验式旅游。

目前，马来西亚航空公司（马航）、亚洲航空公司（亚航）和马印航空公司（目前只包机往返吉隆坡和武汉）经营中国航线。中国

---

① 《白天大使拜会马来西亚旅游、艺术和文化部长穆罕默丁》，2018年12月13日，http：//my. china - embassy. org/chn/sgxw/t1621561. htm（访问时间：2019年10月2日）。

② My tourism data，http：//mytourismdata. tourism. gov. my/？page_ id = 232#！range = year&from = 2000&to = 2017&type = 55876201563fe，558762c48155c&destination = 34MY&origin = 32CN（访问时间：2019年10月2日）。

③ 《马蜂窝：2019中国出境自由行大数据报告》，中文互联网数据资讯网，2019年8月8日，http：//www. 199it. com/archives/918002. html（访问时间：2019年10月2日）。

进入马来西亚市场的航空公司包括中国国际航空公司、中国南方航空公司、中国东方航空公司、厦门航空公司和香港国泰航空公司。[①] 2019 年 7 月起，东马沙巴州斗湖将迎来中国广州每周两趟的直飞包机，将为斗湖及周边地区带来更多游客并促进地方观光业发展。[②] 近些年来，中国与印尼赴马来西亚旅游人数差分别为 122 万（2014 年）、112 万（2015 年）、93 万（2016 年）、52 万（2017 年）、34 万（2018 年）。照此趋势，加之 2020 年为中马文化旅游年，中国很有可能超过印尼，成为赴马来西亚旅游人数第二多的国家。

五　分析与结论

根据《马来西亚旅游转型方案》提出的目标，到 2020 年，马来西亚要吸引 3600 万名外国游客抵达，创造旅游收入 1680 亿林吉特（约每周 30 亿林吉特），外汇收入总额扩大 3 倍。但从 2018 年的发展形势看，完成这一目标难度不小。

前任总理纳吉布在 2017 年 10 月公布 2018 年财政预算案时，宣布了一系列对旅游业发展有重大利好的消息：将拨出 20 亿林吉特专项资金，作为中小型企业旅游基金的低息贷款；将新建四星级和五星级酒店的税务优惠申请期限延长至 2020 年 12 月 31 日；拨款 10 亿林吉特用于旅游基础设施发展基金的软性贷款；拨款 5 亿林吉特用于改善基础设施，推广民宿和生态旅游计划；给予特别医疗旅游税务优惠，2018 ~2020 年，私人医疗服务出口收入所得税减免将从 50% 提

① 中国领事服务网，http：//cs. mfa. gov. cn/zggmcg/ljmdd/yz_ 645708/mlxy_ 647012/（访问时间：2019 年 10 月 3 日）。

② 《广州包机飞斗湖　7 月起每周 2 趟》，马来西亚《星洲日报》，2019 年 4 月 18 日，https：//www. sinchew. com. my/content/content_ 2040286. html（访问时间：2019 年 10 月 3 日）。

高到 100%，这项减免可以抵销 70% 的法定收入……然而，随着政府的更迭，2018 年财政预算案基本落空。从 2019 年预算案可以看出，新政府对旅游业的财政支持力度在缩小。例如对马来西亚医疗旅游理事会的支持方面，从 2018 年的财政拨款 3000 万林吉特降到 2000 万林吉特；给予中小型企业的旅游基金从 20 亿林吉特降到 5 亿林吉特，保留 2% 利息补贴。

尽管如此，鉴于旅游业在马来西亚国民经济中的支柱地位以及全球旅游业普遍向好的形势下，新政府依然会重视发展旅游业。2019 年，马来西亚旅游业的发展目标是要吸引 2810 万名外国游客，旅游收入达到 922 亿林吉特。[①] 2019 年财政预算案指出，政府将配套拨款 1 亿林吉特给予私营部门，用于开展海外市场营销活动，以提升马来西亚的海外游客数量；将邦咯岛（Pulau Pangkor）列为免税岛，提升浮罗交怡（Pulau Langkawi）的免税岛地位，在槟城乔治城码头（Swettenham Pier）开设免税店等，通过提升境外游客消费力增加旅游业及旅游产品总收入；此外，从 2019 年 6 月 1 日起，马来西亚政府向飞往其他国家旅行的境外游客征收离境税，其中前往东盟国家征税 20 林吉特，前往东盟以外国家征税 40 林吉特。这些新的政策都体现新政府对国际旅游市场的重视及政策偏向。

旅游、艺术和文化部部长穆罕默丁在接受外国媒体采访时表示，未来几年里，他们将依照《马来西亚旅游业综合发展计划 2018 ~ 2020》，从以下几个方面促进旅游业发展。[②]

第一，利用最先进的信息技术进行旅游宣传和推广；

第二，借助在马来西亚举行的大型会展，特别是商业会展活动来

① 马来西亚旅游局，http：//mytourismdata. tourism. gov. my/（访问时间：2019 年 10 月 2 日）。

② Interview：Mohamaddin Bin Haji Ketapi，Minister of Tourism，Arts and Culture for Malaysia，https：//tourmab. com/2019/02/26/interview – mohamaddin – bin – haji – ketapi – minister – of – tourism – arts – and – culture – for – malaysia/（访问时间：2019 年 10 月 2 日）。

推广旅游业，如在吉隆坡举行的第五届世界旅游大会（2019 年 8 月 26 ~ 28 日）等；

第三，配合马六甲印象城（Impression City Melaka）、迪沙鲁海岸（Desaru Coast）等大型旅游项目的开发；

第四，提升国家关键经济领域的推动力（与航空公司、旅行社等合作）；

第五，与政府机构合作，最大限度地整合市场营销；

第六，促使马来西亚成为影视作品拍摄地。

总而言之，马来西亚旅游业的发展离不开国家战略层面上的设计、调整与推动，具有明显的延续性和连贯性。尽管面临着东南亚地区其他国家和新兴市场的有力竞争，但由于马来西亚政府对本国旅游业和世界旅游业发展形势有着清醒的认识和判断，对自身的旅游形象定位准确，发展方向和途径明确，再加上政府不断加大对旅游业的财政投入，积极探索新的旅游业增长点，打造特色旅游项目，同时不断创新和创造促销手段，相信只要没有意外事件的影响，马来西亚的旅游业发展前景仍将一路看好。

B.6 从反国际公约看马来西亚种族政治

〔马来西亚〕朱崇彰*

摘　要： 签署《消除一切形式种族歧视国际公约》是希望联盟竞选时的诺言。2018年9~11月，马来西亚政府从誓称签署该公约到宣布撤销，生动地反映了马来西亚国内种族政治的复杂性与长期性。马来西亚新政府在支持者的强大压力下，试图消除种族政治，但身份政治根深蒂固，彻底改变种族政治还有很长的路要走。

关键词： 马哈蒂尔　希望联盟　国际公约　种族政治

2018年5月9日大选，希望联盟（以下简称“希盟”）获胜，终结了61年巫统统治，时年92岁高龄的马哈蒂尔再度出任总理，开创了亚洲政治的先河，这是与非马来人的坚定支持分不开的。大选前，希盟誓称，一旦执政将签署《消除一切形式种族歧视国际公约》，其目的在于争取非马来人的广泛支持。2018年9月，马来西亚总理赴联大演讲，称马来西亚将全面签署《消除一切形式种族歧视国际公约》，结果招致国内多个政治派别反对。反对派甚至还举行盛大集会，反对签署该国际公约。最终希盟不得不妥协，放弃签署公约，这给未来马来西亚种族政治投下了不确定的阴影。

---

* 〔马来西亚〕朱崇彰，中国社会科学院研究生院亚太系博士研究生，研究方向为亚太国际关系。

一　是否签署国际公约是检验马来西亚种族政治变化的试金石

《消除一切形式种族歧视国际公约》，是1963年联合国大会第1904号决议通过的《联合国消除一切形式种族歧视宣言》的升级版。鉴于当时南非种族隔离制度引起的政治迫切性，1965年12月，联合国大会通过了《消除一切形式种族歧视国际公约》。该国际公约主张消除世界上的种族主义、种族歧视和种族隔离现象，维护政治和公民社会或公共生活，支持任何其他方面的平等人权及基本自由行使权。截至2018年11月，全世界有179个国家签署该公约，马来西亚是目前世界上18个尚未批准该公约的国家之一。

在2018年马来西亚第14届全国大选前，签署《消除一切形式种族歧视国际公约》是当时反对阵线希盟的主要誓言之一。在5月9日希盟胜选之后，马来西亚总理府部长瓦塔姆迪就着手处理相关事宜，以便经过国会批准，准备于2019年初签署该国际公约。

2018年9月28日，马哈蒂尔总理在联合国大会致辞时宣布，要全面签署《消除一切形式种族歧视国际公约》。未料引起来自巫统、伊斯兰教党和多个马来人组织的强烈反对，认为此举是意图消除马来王权和土著特权的前奏，最终会导致《联邦宪法》第153条款被修改。面对全国各地兴起的反对签署该国际公约的种种举动，马哈蒂尔总理的立场开始出现摇摆，公开承认签署该国际公约有影响该条款的空间，必须征询各族人民的意见。希盟的最大政党人民公正党主席安瓦尔也表达暂时搁置签署公约的立场。为了平息众怨，最终总理府于11月23日宣布不签署该公约，重申捍卫联邦宪法及建国时的社会契约。

二　反对派借反国际公约联合举行集会，凝聚人心、扩大支持层面

2018 年 12 月 8 日，反对派巫统和伊斯兰教党联合举行大集会，反对政府全面签署《消除一切形式种族歧视国际公约》，该集会号称有 50 万人出席。根据现场情况，有 5 万 ~ 6 万人参加。即便如此，反对派借反国际公约，凝聚人心、展示实力，试图扩大支持层面。

（一）巫统大肆炒作反国际公约议题一箭数雕

在一次国会辩论会上，巫统国会议员凯里公开质疑《消除一切形式种族歧视国际公约》，声称该国际公约威胁马来穆斯林的特殊地位。他强调，新政府的所作所为表明他们没有捍卫伊斯兰教在马来西亚的国教地位以及马来人的特权。凯里在国会的发言成为马来西亚主流媒体《马来西亚先锋报》的头条新闻，引起马来土著的高度关注。

以凯里为首的巫统议员炒作反国际公约议题，其目的一箭数雕。其一，巫统作为第一次失势的执政党，这可以理解为急欲展示自身的影响力，同时借此新政府的政治判断"失误"，挑起种族和宗教保守主义的议题，凝聚党员和马来穆斯林的力量，扩大基本支持层面。

其二，通过炒作此议题，可以刹住现有的国会议员和州议员的"跳槽风"，稳定巫统队伍，确保巫统基本支持层面。

其三，转移马来基层群众对巫统领袖贪污案的关注，联合伊斯兰教党，共同捍卫马来穆斯林的特殊权益，争取马来穆斯林的更多支持。

（二）伊斯兰教党借反国际公约展示实力

过去60多年，伊斯兰教党的目标清晰，无论是政治辉煌或暗淡时期，都坚持立场，培植了一批忠贞支持者。虽然已经分裂出国家诚信党，伊斯兰教党在第14届大选中获得的国州议席并没有大幅度减少。与巫统不同的是，虽然换了执政党，伊斯兰教党暂时没有列在被清算的行列里，几乎没有国州议员面对贪腐官司问题。巫统在此次大选失利后，连番向伊斯兰教党靠拢，该党却表现淡定，突显其实力。

在这次的反国际公约集会中，伊斯兰教党宣布号召其执政范围内的10万吉兰丹人出席，可谓信心满满。党主席哈迪·阿旺曾表示，《消除一切形式种族歧视国际公约》乃是一个“欺压”穆斯林和土著的国际公约。从集会的人数来看，伊斯兰教党的10万人集会目标并未完成，但是从出席者多数来自偏远外州看，它的支持者支撑了整个场面，巫统并没有在展示其动员能力方面占优势。由此可以看出，伊斯兰教党在偏远地区如吉打、吉兰丹和登嘉楼州拥有相对较强的保守意识形态的影响力。

三　希望联盟政府陷入两难境地

能够成为第14届全国选举的竞选宣言，相信签署《消除一切形式种族歧视国际公约》已经是希盟内部的共识。总理马哈蒂尔在联合国大会的信心喊话和总理府部长瓦塔姆迪的举动，最终让步于国内局势的演变，为了避免继续引起不满而将其搁置。出于维护马来西亚政治版图的考量，马哈蒂尔也放弃出席由人权委员会主办的人权大会。

希盟在当选执政后，已经多次为建设“新马来西亚”的各种宣言持续“跳票”，开始影响到印裔群体、华裔群体和部分开明的马来精英层的支持率，令人怀疑当初马哈蒂尔成为希盟之首的同时，接受由希盟成员党签署的宣言只是权宜之计。签署《消除一切形式种族歧视国际公约》承诺的反悔，是继取消向高等教育基金还款、取消交通自动执法系统（AES）、承认独立中学统考、拒绝向拉曼学院拨款、关闭莱纳斯稀土厂等宣言不被落实后，直接影响马来社会的重要议题。但是马哈蒂尔总理处理上述议题时总是小心谨慎，总理府部长瓦塔姆迪却成为马来社会指责的主要对象。

四 未来走向

希盟在未当选前，将全面打造“新马来西亚”的共识写进了希盟的联合宣言里，也是多年来各党磨合成熟后的大方向。刚成立不到两年的土著团结党，最终因为政治现实的无奈，加入希盟而成为当时反对党一员。马哈蒂尔凭借自身前任总理的光芒，取得宿敌安瓦尔及其创办的人民公正党的让步，坐阵希盟之首，成为希盟胜选后的总理人选。从胜选后马哈蒂尔组阁的阵容可以看出，当时他对落实希盟的“新马来西亚”颇有决心和信心。

随着希盟政权的稳固，希盟里的成员党开始显现不同的意见。人民公正党的署理主席阿兹敏获得马哈蒂尔的重用，令安瓦尔不得不立刻寻求国会议员的资格。安瓦尔的夫人万·阿齐扎虽然主掌副总理一职，但并没有在内阁中扮演重要角色，其无法为人民公正党加分，更加无法发挥制衡土著团结党的作用。供马哈蒂尔总理消费的国债、纳吉布涉嫌贪污和有关中国的议题渐渐失去民众的关注，而此时《消除一切形式种族歧视国际公约》可说是重要撒手锏，迅速为其政治形象加分。

民主行动党（以下简称“民行党”）虽然获得财政部长一职，却没有实际经济策划控制权和管理权，对于各层次的华文教育宣言的落实却无头绪，如制度化增建华文学校和增加拨款，华文中学和华文大专也都没有任何实际进展。教育部副部长张念群面对记者的咄咄质询，索性承认他本人没有在部门掌握实权，令民众哗然。拉曼学院拨款问题和《消除一切形式种族歧视国际公约》问题更加突出民行党的政治素质与其在希盟内部的政策影响力，在中上阶层精英群体中大打折扣。国家诚信党主席穆罕默德·阿尔沙德·拉吉虽然延续亲民作风，但是在国防部长职位上无法表现出称职的一面。另外，马哈蒂尔逐渐展现其原本强势的一面，在希盟中开始独占鳌头，在多数政策上全面主导，同时也对巫统开始进行清算活动，如冻结户口、控告前任和现任领袖贪污、招揽跳槽的巫统党员，甚至要求解散巫统等连番动作，直接把巫统的威望拉到历史谷底。巫统党主席扎希德面对马哈蒂尔连番攻势，加上连续多名国州议员宣布退出巫统，促使党员和各阶层领袖开始表态逼宫，感到雪上加霜。马华公会在 12 月初的代表大会上通过要求解散国阵的议案，可预见将推动形成新的政治版图。

在执政党地位愈加稳固、在野党地位愈加削弱的政治环境中，《消除一切形式种族歧视国际公约》问题，凸显了马来西亚政治版图中并没有突破旧的种族宗教政治桎梏，令选民感到追求全面平等的“马来西亚人的马来西亚”依然是遥远的事，保守派的影响力依然起主导作用，民行党在《消除一切形式种族歧视国际公约》问题上的低调作风，很明显是不想放弃这个群体的力量。民行党秘书长林冠英在就任财政部长时宣布自己非华人而是马来西亚人的经典语录是否能够得到马来西亚社会的认同还有待观察。

部分社会精英发现马哈蒂尔虽然在联合国宣布签署《消除一切形式种族歧视国际公约》，但是并没有让人民了解其中的内容，[①] 让非伊斯兰教徒的总理府部长主导签署国际公约程序，这加深了其要剥夺马来特权的形象与危机感，继而间接形成反向政治压力，最终推动

① Dennis Ignatius, *The Malay Mail*, December 13, 2018.

取消签署国际公约的程序。人民公正党、民行党和国家诚信党的反应显示希盟再次放弃落实另一个宣言，向现实的身份政治妥协。

身为资深的伊斯兰世界领袖，马哈蒂尔很清楚伊斯兰会议组织的57个成员国家中，只有2个伊斯兰国家没有签署《消除一切形式种族歧视国际公约》，马来西亚是其中没有签署的国家之一。他也知道其中的内容和其可保留的空间。有迹象显示，马哈蒂尔试图把国际公约变成工具和契机，利用马来人的忧虑，一方面在马来社群里扮演阻挡签署该国际公约的“救世主”角色，另一方面让非马来族群看到身份政治现实性，主导了希盟政府里的意识形态的转向。马哈蒂尔在处理由国阵政府制定的各项基建工程制度上，尽管引起舆论微言，却还是赢得马来社会的认同，巩固了他是马来人守护者的形象。这个通过国际外交布局国内政治的典型案例，也成功转移了国内经济萎靡、国际项目投资剧降和日本无法注资扶持的舆论关注焦点。

根据对反签署该国际公约集会的观察，希盟政府宣布放弃签署《消除一切形式种族歧视国际公约》的战略奏效，让集会变成庆祝希盟政府不签署该国际公约的集会，制止了议题的发酵，打击了在野党的士气。随后巫统内部持续的“跳槽”风气，令在野党的力量迅速衰弱，许多巫统领袖都与马哈蒂尔接触，使受贪污案缠身的巫统主席扎希德面对逼宫的压力相互叠加。巫统在东马的堡垒——沙巴州的巫统组织也随着14名议员公开退党和表明支持马哈蒂尔领导而迅速垮台。马哈蒂尔领导的土著团结党由于持续接收“跳槽”议员而迅速扩大，可以预见，未来将会有更多在野党议员退党或宣布支持马哈蒂尔的领导。

总的来说，反对签署《消除一切形式种族歧视国际公约》集会，并没有为当下的在野党加分，但也令朝野政党人物对反种族议题颇为忌讳，提醒了人们对马来西亚身份政治影响力的重视，表明追求理想化的民主平等政治路线仍有局限性。这次《消除一切形式种族歧视国际公约》议题，明显地被传统的种族宗教政治利用，马哈蒂尔成为最大赢家。长远来看，马来西亚社会在政治领域里失去一个全面转型的关键机遇，没有为建设一个更加包容善意、平等治理及可持续发展的政府消除阻碍，对提升未来国民竞争力并没有任何益处。

华人社会开始对民行党上任以来的表现和处理国际公约的能力提出质疑。在大多数保守马来穆斯林社群里，阻止签署国际公约成功制止了世俗化的进程，可以短时间在各种竞争忧虑里喘息一会儿。即便如此，没有参与此次反国际公约集会的99%马来穆斯林，他们沉默的含义是否表示他们认同主流舆论，还是有何异见，一时还难以揣测。

马哈蒂尔再次执政以来，并未在各领域，比如经济、文化、外交等有靓丽的表现，也没有对改革和发展各领域展现出坚强的决心和意志。但是他成功地掌控了希盟政府的意向，延续了过去他在巫统“2.0时代”的方式，通过各种手段和方式，强化自身阵营的实力。人民公正党主席和署理主席步伐不同调，可以预见未来希盟的主导力量从安瓦尔逐渐转向土著团结党的马哈蒂尔阵营的概率在逐渐提高。与此同时，多元民族和多元背景组成的马来西亚社会或许还须面对种族关系紧张带来的风险。假设希盟对“新马来西亚”的共识仍然藐视，并且反对派无法创新思路，那么马来西亚种族政治现状难以在短时间内彻底改变。

中马关系篇

China – Malaysia Relations

B.7
中马关系：整体平稳，偶发波澜

翟 崑　孔金磊*

摘　要： 2017～2018 年是中马关系的又一个丰收年。在“一带一路”倡议不断推进的大背景下，中马两国在政治、经济、文化、安全四大领域实现了全方位、多层次、宽领域的务实合作。双方政治愈加互信，经贸往来日益频繁，文化交流更加频密，安全合作更是打造了东南亚地区的“新典范”。两国正从“黄金时代”跨向下一个“钻石时代”。但在两国关系日益密切的背后，中马关系同样存在一些问题和潜在的风险。新政府上台后“东铁”等项目的取消，均显示出双方政府存在政

* 翟崑，北京大学国际关系学院教授、博士生导师；孔金磊，北京大学国际关系学院硕士研究生。

策沟通不足等现实问题，这些情况都将影响到未来的中马关系走向。不过，中马关系尚有改善空间，两国在政治、经济、文化、安全四大领域依然有着巨大的发展机遇。在正确看待双方差异性，深入挖掘互补性，保持发展延续性的基础上，相信两国之间的友好关系将在未来继续维持，两国的合作成果将惠及地区和世界。

关键词： 中马关系　政治合作　经济交往　文化交流

2017～2018 年，中马关系继续昂首挺进。自建交以来，中马关系在两国领导人的引导和推动下，从陌生走向熟悉，从冷漠走向亲密。随着世界和地区局势的发展，两国双边关系不断深化，并于 2015 年正式达成共识，两国关系提升至“全面战略伙伴关系”层面，再上新台阶。

2017～2018 年，在“一带一路”倡议不断推进和中美贸易摩擦的大背景下，中马两国继续深化合作，增强双边共识，全面推动两国“五通”建设——政策沟通、设施联通、经贸互通、资金融通、民心相通，共同打造“三共”局面——利益共同体、命运共同体、责任共同体。通过政治、经贸、人文、安全四轮驱动，中马两国实现了全方位、多层次、宽领域的务实合作，双方已成为彼此可以信赖的朋友和可相互依靠的伙伴。

一　2017～2018年中马关系概览

2017～2018 年的中马关系可精准概括为“三点合一，地位重要”、“三好定位，基础扎实”、“三大辐射，潜力巨大”、“三大风险，总体可控”及“三大优势，顺势而为”。“三点合一，地位重要”表示马来西亚是中国周边外交的支点，是中国建设“21世纪海上丝绸之路”的节点和国际产能合作的重点，表明了马来西亚在中国外交战略中的重要地位。“三好定位，基础扎实”表示马来西亚是中国的“好邻居、好朋友、好伙伴”，这一理念是中马两国务实合作的坚实基础。“三大辐射，潜力巨大”表明中马两国合作可实现共赢局面，并有潜力与空间将影响力逐步辐射东盟、伊斯兰世界和印度市场。“三大风险，总体可控”则表示目前中马两国面临的政治风险、经济风险和安全风险较低，总体上可控。“三大优势，顺势而为”意味着中马两国之间政治稳定、经济互补、人文相通的关系可为两国打造“互利共赢”的命运共同体助力。[①] 总体上来说，两年内中马关系稳中有进，正从上一个“黄金40年”向下一个“钻石40年”迈进。

（一）政治领域

中马两国友好交往的历史源远流长，历久弥新。自明朝开始，郑和七下西洋，五次到达马六甲，与马六甲王朝建立了友好的政治关系。这段关系成为中马两国友好交往的基石。1974年，在冷战的大背景下，时任马来西亚总理拉扎克先生高瞻远瞩，成为东盟国家中率先与中国建立外交关系的国家。2013年，习近平主席访问马来西亚时，中国与马来西亚正式建立“全面战略伙伴关系”，进一步提升了双边关系。当今，在“一带一路”倡议的推动下，中马两国关系焕发新的活力，双方成为地区和国际舞台上可相互信赖的亲密伙伴。2018年，中马两国均成立了新一届政府。双方政府表示将继续开展务实合作，夯实两国友好关系的基础，开启两国友好关系的新征程。

---

① http：//www. sinchew. com. my/node/1613035.

2017～2018 年，中马两国关系稳中有进，政府高层往来频繁，政治互信不断增强。建交以来，中国坚持将中马关系定位于“三好”，即马来西亚是中国的“好邻居、好朋友、好伙伴”。这一理念成为两国务实合作坚实的政治基础。在该理念的指导下，中马两国领导人秉持相互尊重、彼此信任的相处之道，坚持平等互利、互助共赢的合作方针，坚守密切沟通、互谅互让的合作方式，视彼此为可以信赖和可靠的朋友。2017 年 5 月，前总理纳吉布应邀出席在北京举办的“一带一路”国际合作高峰论坛。访华期间，纳吉布对中方一直以来的对马政策主张表示赞同，表示愿意积极参与“一带一路”相关合作，并继续致力于推动马中关系向更高水平、更深程度、更广范围发展。[①] 2018 年 8 月，马来西亚新总理马哈蒂尔上任后首次访华，与习近平主席、李克强总理等中国领导人举行热切会谈，并发表《中华人民共和国政府和马来西亚政府联合声明》。两国领导人重申将致力于发展双边关系的坚定意愿，在现有友好基础上继续推进双边关系的深化。[②]

双方政治上的互信友好为两国发展战略对接与合作营造了有利的大环境。两国领导人牢牢把握中马关系发展的方向，积极对接“21 世纪海上丝绸之路”和马来西亚经济转型计划，共同规划两国合作蓝图。近年来，马来西亚政府始终致力于改善国家投资环境，完善相关投资法律，出台友好的投资政策。在 2017 年 5 月出席“一带一路”国际合作高峰论坛期间，中马两国总理见证了双方发展战略对接、检验检疫、基础设施等领域双边合作文件的签署，也见证了中马两国 9 项企业协议的签署，涵盖建筑、农业、经贸、基建等领域，总贸易额达 72.2 亿美元。[③] 双方政治上的互信、政策上的互通及战略

① http://www.xinhuanet.com/world/2017-05/13/c_1120967288.htm.

② http://www.chinanews.com/gn/2018/08-02/8587791.shtml.

③ https://www.fmprc.gov.cn/ce/cemy/chn/zgxw/t1463123.htm.

上的互接，为两国关系在当前不确定的国际经济形势下寻得了新突破，觅得了新路径。

（二）经贸领域

马来西亚位于东南亚中心地带，扼守马六甲海峡，是东西方海上贸易的枢纽，具有极为重要的战略地位。自古以来，马来西亚便是中国“海上丝绸之路”的重要节点国家，如今则成为最早响应并积极拥抱中国“一带一路”倡议的沿线国家之一。2017 年，中马两国本着平等互利、合作共赢的理念，继续深化经贸领域的务实合作。在“一带一路”倡议的推动下，中马不断开拓新市场，同时在贸易、投资、海外工程承包和金融四大合作领域注入新活力，中马经贸关系呈现出了以下新特点。

贸易领域，中马两国延续多方位、跨越式增长态势，互补性进一步增强。据中国商务部统计，2017 年中马双边贸易额突破 960 亿美元，同比增长 10.5%，占中国与东盟整体贸易额的 18.7%。中国连续 9 年成为马来西亚最大的贸易伙伴，而马来西亚也连续 8 年成为中国在东盟的最大贸易伙伴。[①] 截至 2018 年 11 月，双边贸易额达 997 亿美元，较上年同期增长 15%，有望突破 1000 亿美元的关口。另外，两国贸易互补性进一步增强，两国贸易的合作空间远大于竞争压力。马来西亚向中国出口的主要商品包括棕榈油、橡胶、矿产品、计算机及其零部件和塑料制品等，从中国进口的主要商品则涵盖服装和纺织品、机电产品和贱金属及制品等。2018 年，马哈蒂尔访华期间，双方签署了《中华人民共和国海关总署与马来西亚农业与农基产业部关于马来西亚冷冻榴莲输华检验检疫要求的议定书》《海南省农垦总局（海南省农垦投资控股集团有限公司）与马来西亚橡

① http://my.mofcom.gov.cn/article/sqfb/201801/20180102705913.shtml.

胶局关于橡胶沥青路面技术和割胶自动化技术及商业化合作谅解备忘录》等合作文件，继续延续两国贸易的合作态势。同时，双方都表示将支持多边主义和自由贸易，在全球新的形势下，加强沟通协调，共同维护自由贸易和多边主义、维护以规则为基础的国际秩序，共同推进东亚经济共同体建设，共同维护发展中国家的团结和正当发展权益。[①]

投资领域，中马两国继续开拓新市场，形成了多方位、多层次、多领域的投资布局。2017 年，随着“一带一路”的建设和产能合作的展开，中国对马来西亚累计直接投资达 50.97 亿美元，连续两年成为马来西亚制造业最大投资来源国。2018 年前三个季度，中国在马新增投资持续增长，占同期外资总额的 32%，继续成为马来西亚第一大外资来源国。[②] 目前，在投资领域，中国对马来西亚已形成“中心一城”、“东西两园”、“南北三路”等 6 个旗舰项目的整体格局。[③]“中心一城”是指未来中资企业将联手马来西亚合作伙伴，投资超过 1500 亿林吉特，在马来西亚首都吉隆坡的城市中央打造一个地上、地下联动的交通枢纽和区域经济中心，并在约 3000 亩的土地上进行高标准的智能城市建设。这“一城”将集交通枢纽、区域中心总部、高端旅游、购物和文化等多功能于一体，创造马来西亚城市新典范。“东西两园”则是指马来西亚西马东部沿海的马中关丹产业园和西部沿海的马六甲临海工业园。马中关丹产业园是中马两国政府在经济领域的重大合作项目，目前已被列入“一带一路”倡议的重要项目。2017 年 12 月，马中关丹产业园年产 350 万吨联合钢铁项目试产成功，2018 年 5 月实现全流程生产线贯通，比原计划的建设工期整整提前了一年。这一产能升级将进一步填补东盟地区钢铁生产工艺的空

① http://www.chinanews.com/gn/2018/08-02/8587791.shtml.

② http://www.chinanews.com/cj/2018/12-20/8707244.shtml.

③ http://finance.sina.com.cn/roll/2017-02-15/doc-ifyamkqa6337123.shtml.

白。关丹产业园其他在建的项目还包括新能源、装备制造等，并将继续以关丹港口为龙头和切入点，以临港产业园为核心和主要载体，着力打造港口、产业和园区的多赢和互动良性发展格局。[①] 另外，马六甲临海工业园也在如火如荼地建设中。马六甲临海工业园是集深水码头、造船修船、远洋补给、卫星导航和临港产业五大功能于一身的综合型工业园区，其中皇京港项目是目前影响力较大的在建项目。未来，马六甲临海工业园有望与马中关丹产业园进行东西联动，共同推进中马国际产能合作，成为中国与东盟国家产业合作示范区的模范和可复制学习的品牌。

海外工程承包方面，中资进入马来西亚的步伐不断加快。中国已连续多年成为马来西亚重大工程施工总承包（EPC）的最主要合作方。截至2018年底，中国在马来西亚已承接了超过300亿美元的重大工程施工项目，包括20多亿美元的南部铁路项目和已经施工完成的200多亿美元项目。这些项目的实施是中马两国互信和合作的又一次验证。随着两国经贸关系的深化和“一带一路”建设的推进，相信未来将有更多的中资企业进驻马来西亚进行基础设施项目建设，助力其实现设施完全联通。

金融领域，中马资金融通如日方升。2001年以来，中国银行、中国工商银行、中国建设银行纷纷入驻马来西亚市场，推动了两国在金融领域的交流与合作。随着2015年中国银行马来西亚吉隆坡人民币清算银行在布城（Putrajaya，联邦行政中心，旧称布特拉再也、太子城）的正式成立，中马两国进一步扩大了本币互换业务，为两国开展大规模的经贸合作提供强大的金融服务支撑和保驾护航。人民币清算银行的成立也将有助于吉隆坡成为区域离岸人民币中心，提升马来西亚在东盟地区的经济影响力和金融竞争力。2017年5月，在

① https：//www. sohu. com/a/215710156_ 732289.

“一带一路”国际合作高峰论坛举办期间，中国政府与马来西亚等26国财政部共同核准通过了《“一带一路”融资指导原则》，共同推动建设长期稳定、可持续、风险可控的融资体系，为中马两国政府和民间融资创造了和谐友好的政策环境。同时，在论坛举办期间，中国进出口银行与马来西亚进出口银行签署了授信额度框架协议。根据协议，中国进出口银行授予马来西亚进出口银行5亿美元的授信额度，而马来西亚进出口银行将授予中国进出口银行1亿美元的授信额度。[①] 该额度将用于开展转贷款、贸易融资、联合融资等合作，为促进中马两国资金融通和双边贸易提供强劲的动力。2018年1月，中国银行在马来西亚马六甲地区建立分行，进一步深化两国金融合作。2018年马哈蒂尔访华时，中马续签了《中国人民银行与马来西亚国家银行双边本币互换协议》，签署了《中华人民共和国财政部与马来西亚证券监督委员会跨境会计审计执法合作备忘录》，继续拓展两国在金融领域的合作。

除了以上四大传统经贸合作领域外，2017年中马两国更积极拓展新的合作领域，寻找新的发展动力。目前，通信、电子商务、绿色经济、旅游业等正成为双方合作的新热点。在这些新合作领域当中，以“阿里巴巴”为首的中国互联网企业与马来西亚开展了积极的对接与合作，成为双方探索新合作领域的“领头羊”。2017年，中国“阿里巴巴”集团不仅与马来西亚数字经济公司（MDEC）建立了面向当地创新创业者的数字孵化中心（Digital Hub），宣布阿里云马来西亚大区正式面向全球开放服务，更是在11月3日在马来西亚吉隆坡建立了全球首个海外eWTP试验区——马来西亚数字自由贸易区。数字自贸区的启动和运营将把马来西亚逐步打造为物流、支付、通关和数据一体化的数字中枢，奠定其数字经济发展的基础，并帮助马来

① http：//www.eximbank.gov.cn/tm/Newlist/index_343_30094.html.

西亚中小型企业走出国门，走向世界，实现“互联网+”的新经济模式。[①] 2018 年 6 月，阿里巴巴马来西亚办公室正式开业，开始实际推进 eWTP 数字自贸区建设。此外，双方在移动支付等新兴领域也开展密切合作。2017 年，马来西亚联昌国际银行旗下的“Touch' Go (TnG)”与中国“蚂蚁金服”结成战略伙伴，并于 2018 年 5 月联合推出电子钱包服务，推动马来西亚电子支付的实质进展。

经贸合作是中马双边关系发展的基石和重要推动力。在当今世界贸易保护主义抬头的大环境下，中马两国继续深化经贸合作将有利于继续提升两国关系，进而推动东盟经济共同体的建设，并维护世界自由贸易和现行的多边贸易体制。

（三）人文领域

“国之交在于民相亲，民相亲在于心相通。”民心相通是“一带一路”倡议建设的基础，人文交流则增进了两国政府的相互认识，推动了两国人民的友好交流。中马两国是隔海相望的邻居，两国政府和民间交流密切符合两国的根本利益，有利于两国共建命运共同体的目标。在两国政府的积极推动下，中马两国人文领域合作始终保持活跃，民间交流活动如火如荼。2017 年 5 月，习近平主席在人民大会堂会见纳吉布总理时强调了中马两国双方加强教育、文化、人员往来和旅游等领域合作的必要性和重要性。对此，纳吉布总理表示赞同，并希望中马两国可以加强人文等领域的合作。在此共识下，2017～2018 年中马人文领域交流继续推进，两国在文化、教育、旅游和民间交往等多个方面精彩纷呈。

文化方面，中马合作继续深入，成果丰硕。政策是推动文化交流的强大保障。2017 年 1 月 5 日，中国文化部印发了《文化部“一带

① https：//www. sohu. com/a/129747120_ 270234.

一路”文化发展行动计划（2016～2020 年）》的重要文件，作为推动中国与“一带一路”沿线国家交流合作的重要政策支持。该计划中提出了要建立“一带一路”国际交流机制建设计划、沿线国家中国文化中心建设计划、“丝绸之路文化产业带”建设计划等在内的多项计划助力文化交流。人心相通，语言先行。马来西亚拥有良好的华文教育根基，众多的华人社团和华文报业成为中马人文交流的纽带和桥梁。中国驻马使馆充分发挥了这些资源优势，积极在马来西亚传播中国文化。在马孔子学院继续发挥了传扬中国文化、传达中国声音的“亲善大使”作用。越来越多的马来西亚人民在孔子学院领略到了中华文化的丰富内涵和汉语的强大魅力。同时，随着《红楼梦》马来语译本的正式问世，中国古代四大名著经过马来西亚翻译家 30 多年的努力已全部被翻译为马来语。[①] 此举将进一步增进中马两国人民的友谊和对相互文化的理解，并有利于两国文化交流和“一带一路”建设。此外，中国的国宝熊猫也在推动中马关系发展中起到了重要作用。中国于 2014 年向马来西亚租借的两只大熊猫“兴兴”和“靓靓”成为中马友谊的化身，而它们于吉隆坡诞下的宝宝“暖暖”更是成为中马之间温暖情谊的真实写照。“暖暖”已于 2017 年 11 月回到中国，将把中马友谊继续传递。与此同时，两国民间交流也保持密切。2018 年 11 月，由中国驻马来西亚使馆及马中友好协会共同组织的马中友好青年交流计划青年团赴北京进行考察，加强了两国青年的交流。

教育方面，中马合作继续扎根，前景灿烂。中马两国政府近年来已先后签署了《关于相互承认高等教育学历和学位协定》及《教育合作谅解备忘录》，奠定了两国在教育领域合作的坚实的制度性基础。2017 年，推进“一带一路”建设工作领导小组办公室

① http：//world. people. com. cn/n1/2017/0801/c1002 –29440185. html.

发布《共建“一带一路”：理念、实践与中国的贡献》（7 种语言版），中国每年向沿线国家提供 1 万个政府奖学金名额，实施《推进共建“一带一路”教育行动》。在此框架协议下，中马两国在教育领域开展了更加紧密的合作。作为第一所在海外设立的中国知名大学分校，厦门大学马来西亚分校校区建设一期工程已于 2017 年顺利竣工，并开始正式招收学生。厦大分校将融合来自中国、马来西亚和东盟地区其他国家的学生，打造一所国际化的高等学府，进一步促进两国教育领域的交流。中国驻马使馆设立中国大使奖学金，积极鼓励中国和马来西亚学生到厦大分校或其他马来西亚高等学府留学。

旅游和民间交往方面，中马往来日益频繁，交往频密。2017 年，中马双边往来人数突破 388.2 万人次。其中，中国赴马旅游人数达 265 万人次，马来西亚赴华人数突破 123 万人次，再创新高。[①] 2018 年访马的中国游客达到 294 万人次。中国已连续 7 年成为马来西亚最大游客来源国。随着 2020 年“中马文化旅游年”的到来，相信将有更多的中国游客赴马，推动两国民间互动交流。

（四）安全领域

多年来，面对当前错综复杂的地区和国际局势，中马两国始终互信互利，在政治、经贸和人文等领域不断深化合作，并在双方关系日益稳固的基础上在防务与安全领域开展了更加密切的合作。2017 年，中马两国在安全领域的合作再创新高度，再造新范式。

一方面，两国在防务与安全领域的互信程度逐渐加深。近年来，中马两国的军事合作不断深化。两国不仅增加了在联合演习、军事高

---

① https：//www. fmprc. gov. cn/web/gjhdq_ 676201/gj_ 676203/yz_ 676205/1206_ 676716/sbgx_ 676720/.

层互访和军事教育训练等方面的交流合作，更是多次在香山论坛上强调了两国在武器装备、军队建设和联合反恐等议题上加强合作的重要性。2017 ~2018 年，两国在军事安全领域的交流数量增多，交流质量有明显提高。2017 年 4 月，中国船舶重工集团正式与马来西亚莫得海军造船厂签署协议，履行马来西亚购买中国军舰的采购合同。2018 年 5 月，马来西亚再次表达采购 18 艘多任务舰的意向，成为中国造船业迄今为止最大的一笔订单，交易金额超过 10 亿美元。2017 年 5 月，中马两国建立新的中马防务委员会，促使两国防务关系制度化。2017 年 1 月、5 月和 9 月，中国海军舰艇编队及机密程度极高的常规潜艇曾多次停靠马来西亚海军基地，更反映出中国和马来西亚之间防务合作不断深化和已逐渐形成更高程度的互信关系的事实。对于外界疑问，马来西亚海军发表声明称，中国海军来访只是中马两国海军定期友好交流的一部分。这些现象均表明中马两国和两军互信已上升到了新的高度。

另一方面，中马两国安全领域的合作已为地区建立了合作新范式。由于南海权益等国家利益问题，多年来中国与东盟地区国家陷入了经济上紧密合作，安全上却付之阙如的怪圈。中马两国在海军建设、装备发展和联合行动方面的互动，突破了以往中国与东南亚地区国家，特别是南海权益相关国之间的军事合作模式，为东南亚地区国家提供了新的合作样板。① 2018 年 10 月，中国和马来西亚首次在马六甲海峡举行“和平友谊—2018”军事演习，展现了两国军队进一步巩固相互间务实交流与合作的意愿，也彰显了各方维护南海地区和平稳定的共同意愿。这样的新军事合作模式表明，中国愿意并乐意与各国建立互助互信的安全合作关系，为维护地区安全稳定，履行自身的大国责任。

① https：//military. china. com/important/11132797/20170918/31459615_ all. html#page_ 2.

二 中马关系的问题与风险

2017～2018年，中马两国在政治、经济、文化、安全等各领域取得了丰硕的合作成果。两国关系“百尺竿头更进一步”，成绩令人欣喜。但是，在双边关系全面大好的局势背后依然存在着风险和问题，可能阻碍两国关系的进一步提升。

第一，2018年中马关系偶发波澜，增加了两国关系的不确定性。2017年两国关系稳中有进，但在2018年，中马关系面临马来西亚新政府成立后的新情况。其中，反对党联盟“希望联盟”自1957年马来西亚独立以来首次上台执政，改变了马来西亚的政治格局。新政府上台后，连番取消中国承建的东海岸铁路、运输管道等基建项目的决定，给中马友好关系蒙上一层阴影。不少人士对中马关系的未来感到悲观，认为新政府不会再延续前任政府的对华友好政策，中马关系出现了拐点。虽然取消中国基础设施建设项目令两国关系发生波澜，但在马来西亚新政府中，无论马哈蒂尔总理，还是财政部长林冠英、外交部长赛夫丁等官员都一再表示，马来西亚新政府将延续对华政策，保持对华友好关系，并将继续支持中国“一带一路”倡议。2018年5月起，马来西亚新政府接连派出总理特使达因、人民公正党主席安瓦尔访华，安抚对华情绪，马哈蒂尔总理本人更亲自来华，足以表示新政府对中国的重视程度。因此，尽管2018年两国关系偶发波澜，但两国友好关系的大方向不会改变。但是，中国政府仍需提高警惕，提高与马来西亚方面开展合作的法律意识，注意遵守对方的法律法规等。

第二，地区和国际局势可能影响两国关系。自特朗普就任美国总统以来，美国对外政策的保守主义和单边主义倾向日益明晰。特朗普频频对中国发难，扬言将发起贸易战制裁中国，维护美国利益。2018

年3月23日，美国总统特朗普签署备忘录，宣布将采取措施对中国产品加征关税，限制中国投资，并将相关问题诉诸WTO争端解决机制。作为回应，我国政府于4月4日宣布将依据有关法规和原则对约500亿美元的美国进口商品对等加征关税。自此，中美两国贸易摩擦开始实质性升级。12月，经过磋商，中美双方决定停止升级关税等贸易限制措施，包括不再提高现有针对对方的关税税率，以及不对其他商品出台新的加征关税措施，稍微缓解了紧张局势。2017年，中马贸易额突破960亿美元，双方经济互补性和依赖性进一步增强。中美贸易战正式爆发，中国经济必将受到负面影响，马来西亚经济也将受到波及，影响两国经贸关系。此外，自中美贸易摩擦开始，马来西亚新政府上台以来，其外交政策有转向日本的倾向，开始谋求中国以外的经济合作伙伴。2018年5月以来，马哈蒂尔总理已三次访日，并与日本政府、九州铁路公司等达成合作协议，显示出马来西亚政府与日本加强合作的政策转移。对此，中国政府需要继续保持与马来西亚政府的经济往来，加强两国战略互信，争取在贸易摩擦的背景下取得双赢局面。

三　中马合作发展新机遇

2017~2018年，中马两国关系稳中有进，各领域合作再登新台阶。对于两国来说，这两年取得的成绩只是新的起点，未来中马两国在各个领域仍有巨大的进步空间和广阔的发展机遇。

政治领域，中马两国应继续提升“全面战略伙伴关系”，打造新型睦邻友好的关系典范。根据“一带一路”倡议“五通指数”数据，2018年中马两国“五通指数”中的“政策沟通”指标指数略低，仅排在东盟10国中的第七位。这不仅表明现阶段中马两国在“一带一路”推进工作面临着一些问题，双方在合作机制、政策沟通效度、战略对接和文件签署等方面都尚有不足，但也表明两国拥有极大的发展空间和合作潜力。对此，除了继续保持政治互信，增进政府高层互相往来，中马两国政府也应深化战略沟通和战略对接，提高双方在“一带一路”建设中的政策沟通顺畅度。两国政府应建立并整合现有合作机制，统筹协调各部门的合作，提高战略对接的范围和效率；同时，也可以设立专门的政府小组，切实推进两国政府沟通，深化“一带一路”合作。

经贸领域，中马两国应抓住共建“一带一路”和经济发展转型的契机，以“中心一城”、“东西两园”、“南北三路”等发展项目为核心，大力开展产能合作。目前，中马两国经贸合作多集中在大项目、大投资上，多由两国政府主导，由两国国企推动，民间企业参与缺乏一定的活力。笔者认为，两国政府应发挥经济互补优势，积极开拓新的合作领域，比如电子商务、互联网金融、人工智能、海洋经济等，打造新时期东南亚地区的新合作典范。此外，双方应积极稳固传统合作优势，将中资企业的技术和成本优势与马来西亚基础设施建设对接，通过推进新隆高铁和南部铁路建设项目，促进双方设施联通，进而助力“经贸互通”。中马两国金融机构也应加强沟通合作，并创新金融合作模式，促进两国资金融通。

人文领域，中马两国应继续推进密切的交流合作，增加双方交流的宽度和密度。目前，中马人文交流多由两国政府等官方部门主导，民间参与率有待提高。因此，这也导致了两国人文交流多集中在精英层面，未触及社会其他阶层，交流规模不对称，对彼此认知存在偏差的情况时有发生。对此，中马两国政府应最大化利用“一带一路”倡议的契机，以教育和旅游为重要切入点，一方面推动两国人文交流，推进文化交流和旅游合作，增加中国文化入马和马来西亚文化入华的力度，增进双方民心相通；另一方面利用各自的教育资源优势，以推动国际产能合作和国际贸易发展为目的，紧扣新时代经济发展特点，建设新型国际合作高等院校。

安全领域，中马两国应继续深化合作，增加互信，开拓新的合作领域。双方应在现有合作基础上加强防务与安全合作，建立常规化联合军演机制，深化反恐和打击跨国犯罪合作。同时，双方也应继续探索新的安全合作模式，除了传统的海军领域防务合作，加强双方在航天科技等领域的互利合作，为中国与其他东盟国家合作设立新范式。

四　结语

中马关系正处于历史上最好的时期。40 多年的友好往来，证明了两国不是对手，而是地区和国际舞台上可相互信赖的天然合作伙伴。地缘相近带来人文相通，人文相通带来情感相近，情感相近为两国未来的合作与发展奠定了强有力的基础。回顾过去，成绩丰硕；展望未来，任重道远。在正确看待双方差异性，深入挖掘互补性，保持发展延续性的基础上，相信两国之间的友好关系将在未来继续维持，两国合作成果将惠及地区和世界。

B.8

马来西亚主流媒体对“一带一路”报道研究*

张静灵**

摘　要： 马来西亚一直以来是中国对外投资的重点国家，2018年5月马哈蒂尔上台后，陆续有几个中国基建项目被叫停或取消，“一带一路”建设项目能否顺利进行受到了广泛关注。本文以2018年1～12月，马来西亚4家主流媒体的85篇马来语报道为研究对象，从报道规模、主题内容和情感倾向三个方面，分析马来西亚主流媒体关于“一带一路”报道的情况。研究结果表明，马来西亚主流媒体对“一带一路”报道数量较多，总体持积极和肯定的态度，无明显负面倾向；经济类报道较多，缺乏“民心相通”的报道。

关键词： “一带一路”　马来西亚　主流媒体

马来西亚与中国有着悠久的历史往来。它是东盟5个创始成员国中第一个与中国建交的国家。自2013年习近平主席提出“一带一

---

* 本文受到中国传媒大学中央高校基本科研业务费专项资金资助，为校级项目“东盟国家主流媒体对‘一带一路’倡议的新闻报道趋势分析”（项目编号：CUC2019B045）的阶段性成果。

** 张静灵，中国传媒大学外国语言文化学院教师，研究方向为马来文学及马来群岛文化。

路”倡议以来，马来西亚是东南亚地区最早、最积极响应“一带一路”倡议的国家。马来西亚既是“21 世纪海上丝绸之路”的重要节点国家，又是“一带一路”蓝图中通往东南亚、南亚、西亚和中东的桥梁。优越的亲商环境和稳健的经济增长使马来西亚成为全球最具吸引力的投资地之一，中国在马来西亚制造业、房地产、基建等领域的投资逐年激增。[①] 根据马来西亚投资发展局的数据，2018 年中国对马来西亚的投资额达 196.73 亿林吉特，中国在马制造业获批项目 40 个，继续成为马来西亚制造业最大外资来源地。[②] 然而，2018 年 5 月，马哈蒂尔作为反对党联盟领袖当选为马来西亚新一届总理后，陆续有几个中国基建项目被叫停或取消，“一带一路”建设项目能否在马来西亚顺利进行受到了广泛关注。

马来西亚主流媒体对“一带一路”相关话题的报道，对当地公众就该倡议的认知产生了直接的影响。因此，对相关报道进行定量和定性分析，有助于了解马来西亚主流媒体如何向公众诠释“一带一路”倡议下相关活动和项目对该国的利益和影响，营造了怎样的舆论氛围，并展现了何种态度，以便于提出针对性的传播策略，为“一带一路”建设创造良好的舆论环境，进一步提升中国在马来西亚公众中的积极形象。

一　研究对象与方法

马来西亚的媒体体现了该国多元族群和多元文化的特点，除了官方语言——马来语外，英语、汉语和泰米尔语也是该国大众传媒行业中的媒介语。国内学者关于马来西亚中文媒体的研究论述较多，

① 李好、黄潇玉：《对马来西亚投资：中国的机遇与风险》，《对外经贸实务》2018 年第 1 期，第 22 页。

② Laporan Prestasi Tahunan Malaysia 2018，MIDA，p. 142.

但涉及马来语为媒介语的大众传媒研究较少，关于马来西亚对“一带一路”报道的研究更是寥寥无几。北京外国语大学教师邵颖撰写的题为《马来西亚官方媒体对“一带一路”的认知》的文章，极具参考价值。通过关键词搜索，该文作者发现马来西亚官方媒体《每日新闻》（*Berita Harian*）和《马来西亚先锋报》（*Utusan Malaysia*，以下简称为《先锋报》）从2013年9月至2017年5月，有近百篇与“一带一路”相关的报道，这些报道充满了对“一带一路”倡议的积极评价。[①] 此后，笔者采用语言学的方法对其中一篇英文报道进行了详细的分析，证明了马来西亚官方媒体对于“一带一路”的积极态度。

本文选取在马来西亚具有广泛影响力的4家主流媒体，即《先锋报》、《每日新闻》、“当今大马”（Malaysiakini）以及“寰宇新闻”（Astro Awani）作为研究对象。其中，《先锋报》是马来西亚最早的马来语报纸，于1939年创刊；而《每日新闻》是马来西亚发行量最大的马来语报纸之一，于1957年创刊，现为首要媒体集团（MPB）旗下《新海峡时报》集团所有，日发行量约15.7万份。“当今大马”和“寰宇新闻”则是网络媒体中的代表，是马来西亚人获取新闻的热门选择。

通过设置“一带一路”[②]、“丝绸之路经济带”、“新丝路”、“亚投行”等马来语关键词，笔者利用谷歌搜索引擎抓取了这4家媒体2018年1~12月的相关新闻，采用框架分析的路径，从宏观和微观上对马来西亚主流媒体的报道规模、主题内容和情感倾向进行分析。

---

① 邵颖：《马来西亚官方媒体对“一带一路”的认知》，《中国外语》2018年第3期，第72页。

② 搜索时采用同一中文的多种表述，如“一带一路”的译文使用了OBOR、Belt and Road、Satu Jalur Satu Laluan、Jalur dan Laluan、BRI及B&R。

二　研究结果

（一）报道规模

2018 年 1 月 1 日至 12 月 21 日，这 4 家主流媒体有关“一带一路”的报道共有 85 篇，其中 76 篇直接提及“一带一路”倡议，18 篇提及“东海岸铁路项目”，6 篇提及“亚投行”。在这 85 篇报道中，《每日新闻》的报道有 41 篇，占 48.2%；其次是《先锋报》和“当今大马”的报道，各有 19 篇，分别占 22.3%；而“寰宇新闻”网站仅有 6 篇报道。可见《每日新闻》对“一带一路”相关议题的关注度非常高。

根据每月的报道数量来看（见图 1），整体较为平均，波动幅度较小，其中年初报道量最多，12 月出现了低谷。这与马来西亚国内的政局变动和新政府对“一带一路”倡议的态度有一定关联。年初的大量报道主要基于上一任领导执政期间中马较好的合作趋势。3 ~ 5

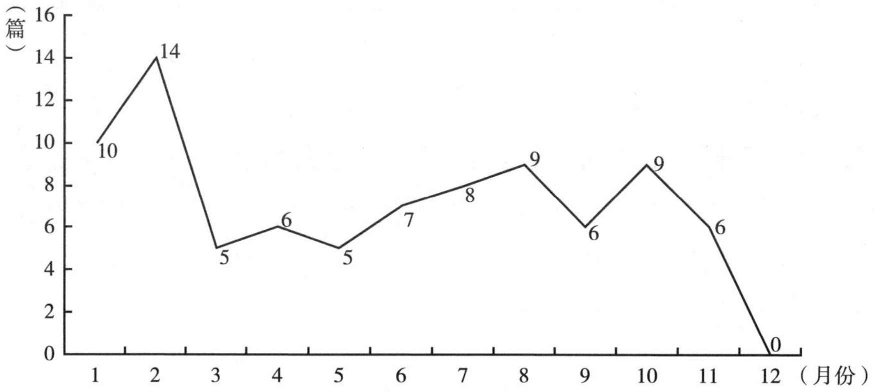

图 1　2018 年 1 ~ 12 月马来西亚主流媒体“一带一路”报道数量

资料来源：笔者自制。

月，马来西亚媒体的焦点则都集中在大选和新政府组建上。5 月 10 日，反对党联盟在历史上首次赢得大选胜利，马哈蒂尔再次担任马来西亚总理。5 月 13 日，《每日新闻》发表了题为《马来西亚将继续支持“一带一路”》的报道，此后几个月报道数量稳步上升。

（二）主题内容

通过对 85 篇报道内容进行热点词频分析，剔除无意义词语（如 dan，yang 等），得到排名前 20 的名词，如表 1 所示。

表 1　马来西亚主流媒体“一带一路”报道热点名词词频

序号	关键词	频次	序号	关键词	频次
1	中国 China	466	11	马哈蒂尔 Mahathir	78
2	马来西亚 Malaysia	358	12	亚洲 Asia	73
3	项目 projek	225	13	基础设施 infrastruktur	63
4	投资 pelaburan	177	14	关系 hubungan	61
5	政府 kerajaan	156	15	公司 syarikat	55
6	经济 ekonomi	153	16	东盟 ASEAN	49
7	建设 pembangunan	117	17	贸易 perniagaan	48
8	“一带一路”OBOR/ BRI	106	18	发展 pertumbuhan	46
9	倡议 inisiatif	97	19	东海岸 Pantai Timur	41
10	东海岸铁路 ECRL	82	20	机会 peluang	38

资料来源：笔者通过高频词统计软件计算后自制。

上述高频词反映了马来西亚“一带一路”报道中的三个特点。首先，“中国”和“马来西亚”出现频次最高，分别为 466 次和 358 次，远超其他词语，说明报道主要体现了中马之间的互动。其次，与经济相关的词，如“项目”“投资”“经济”“建设”“基础设施”“公司”以及“贸易”等占据的比重较大，反映了当地报道仍以经济贸易和基础设施为主要关注点，与“民心相通”相关的议题未受到重视，缺少人文交流、教育合作、旅游发展、艺术表演等方面的话题报道。最后，“东海岸铁路”是2018年报道中的重点，被反复提及，说明了马来西亚媒体对该项目的高度关注。

从报道的主要议题来看（见表2），有32篇报道主要涉及中马合作议题，分别提及基础设施、经济、官方态度、金融业、房地产业、科技园以及博览会等方面，其中基础设施，特别是东海岸铁路项目是报道中提及最多的；有26篇涉及马来西亚国内的政治、经济、金融业、基础设施、网络安全、能源以及人力资源几个方面；有15篇涉及国际政治、经济、基础设施以及突发事件，其中涵盖了美国、日本、澳大利亚、印度、柬埔寨、欧盟、东盟、文莱、巴基斯坦以及斯里兰卡10个国家或地区；有7篇报道提及中马关系；有5篇报道涉及中国的政治和经济。

表2　马来西亚主流媒体报道的议题分类和数量

主要议题	分议题	数量	主要议题	分议题	数量
中马合作议题	基础设施	15	马来西亚新闻	政治	8
	经济	8		经济	8
	官方态度	5		金融业	6
	金融业	1		基础设施	1
	房地产业	1		网络安全	1
	科技园	1		能源	1
	博览会	1		人力资源	1
国际新闻	政治	4	中马关系	政治	4
	经济	7		经济	3
	基础设施	2	中国新闻		5
	突发事件	2			

资料来源：笔者自制。

从这些议题的内容来看，在“一带一路”倡议的影响下，中马两国间经济合作增加，马来西亚经济也受到“一带一路”项目的推动，形成了良好的发展趋势。《每日新闻》的报道《亚投行准备与马来西亚开展合作》一文，提到亚投行要与马来西亚政府和私营企业合作投资建设当地的基础设施。[①]《私营企业促进马六甲—广东的共同发展》一文则强调了私营企业在中马合作中的重要作用，通过两地高层的互访夯实双方合作意向。[②] 之后，还有报道提到中国公司对马来西亚的投资情况，如中国山东的三家能源科技公司希望通过股权转让的方式，投资马来西亚环境科技领域。[③]

在各项投资中，比重最大的则是对基础设施建设的投资。马来西亚的主流媒体将东海岸铁路项目、马六甲皇京港项目、新隆高铁及沙巴天然气管道项目等称为“巨型”工程项目。围绕着这些项目的话题几乎持续贯穿了一整年的报道。2～4 月，有 4 篇报道提到亚投行对马来西亚基础设施建设给予肯定并愿意继续投资大型的基建项目，如新隆高铁。[④] 5 月初开始，出现了关于中国大型基建项目是否能够在马来西亚大选后继续进行的报道。5 月底关于新隆高铁被取消的报道铺天盖地，但其中提及“一带一路”的很少。6～10 月，报道主要集中在东海岸铁路项目，从马来西亚财政部长林冠英表示不会取消，到最终马哈蒂尔宣布取消，一波三折，受到了媒体和大众的广泛关注。东海岸铁路项目在报道中被认为能够惠及东海岸的百姓，提升公共交通的覆盖率，可有效地带动彭亨、登嘉楼及吉兰丹的经济发展。

---

① 《亚投行准备与马来西亚开展合作》（AIIB bersedia bekerjasama dengan Malaysia），《每日新闻》（*Berita Harian*）2018 年 2 月 6 日。

② 《私营企业促进马六甲—广东的共同发展》（Penyertaan swasta pacu pembangunan Melaka-Guangdong），《每日新闻》（*Berita Harian*）2018 年 3 月 7 日。

③ 《中国环境科技公司有兴趣在马来西亚投资》（Syarikat teknologi hijau China minat labur di Malaysia），《每日新闻》（*Berita Harian*）2018 年 4 月 6 日。

④ 《亚投行有兴趣为马来西亚大型项目投资》（AIIB berminat tawar pembiayaan projek mega M'sia），《每日新闻》（*Berita Harian*）2018 年 4 月 19 日。

虽然该项目最终被取消，但有两篇报道分别从中国承包商和官方的角度表达了中方对马来西亚政府所做决定的尊重和理解，展现了中国作为一个大国应有的风度，也体现了中国对“一带一路”沿线国家进行基建投资所秉承的互利互信的原则。

（三）情感倾向

通过阅读全文进行判断，笔者发现这 85 篇有关“一带一路”的报道较为友好，以正面和中性报道为主，负面报道较少。其中，正面报道有 58 篇，占 68%；中性报道有 23 篇，占 27%；另有负面报道 4 篇，占 5%（见图 2）。马来西亚主流媒体的报道反映了该国官方和民间对于“一带一路”倡议的积极支持态度，马来西亚总理马哈蒂尔上任和访华前都表示支持“一带一路”倡议。虽然在重新评估后，马来西亚取消了两个大型基建项目，但马来西亚“一带一路”总商会会长表示，中马两国的贸易关系仍然稳固。① 也有报道对东海岸铁路项目的取消表示失望，并抨击希盟此举是基于政治考虑而非经济因素，表现出对中国投资基建项目的认可。②

4 篇负面报道中的 3 篇来自《每日新闻》，1 篇来自《先锋报》。从内容来看，有 1 篇是转述了欧盟对中国“一带一路”倡议的质疑，欧盟提出要在亚洲实施与“一带一路”基础设施项目竞争的战略，并表示该战略与中国“一带一路”倡议的区别就是不会让参与国“负债到无法偿还”的地步。③ 有 2 篇是关于大型基建项目被取消的话题，报道称这些项目被取消是因为造价过于高昂，一方面暗指与上

---

① 《马来西亚与中国的贸易关系依旧牢固》（Hubungan perniagaan Malaysia-China masih utuh），《马来西亚先锋报》（*Utusan Malaysia*）2018 年 9 月 4 日。

② 《东海岸铁路项目的取消令人沮丧》（Kecewa pembatalan ECRL），《马来西亚先锋报》（*Utusan Malaysia*）2018 年 9 月 3 日。

③ 《欧盟提出在亚洲挑战“一带一路”的战略》（EU lancar strategi cabar “OBOR” di Asia），《每日新闻》（*Berita Harian*）2018 年 9 月 26 日。

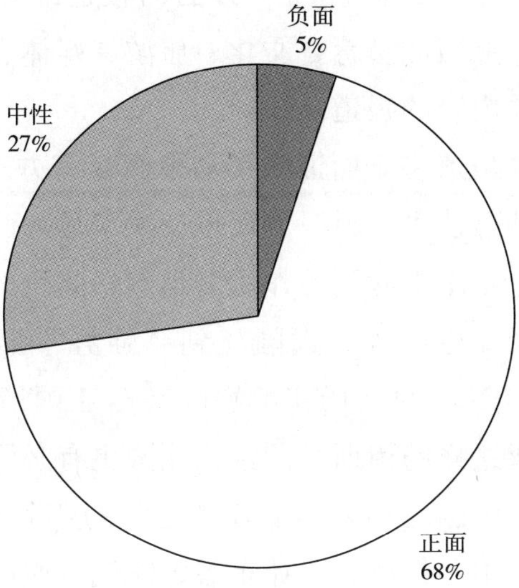

图 2　2018 年马来西亚主流媒体“一带一路”报道倾向分布

资料来源：笔者自制。

届政府的贪污有关，一方面又担心由于大数额的借贷会使国家“受制于”别国。另有 1 篇报道将“一带一路”倡议曲解为不平等的合作，歪曲事实。从这些负面报道中可以看出所谓的“中国威胁论”在马来西亚传媒领域依然有市场。他们一方面担心吸收过多的投资会使得马来西亚过度依赖中国而受到牵制，一方面又担心大量的负债会影响国内经济。

三　结语

综观 2018 年这 4 家主流媒体对中国“一带一路”相关主题的报道，马来西亚媒体对于“一带一路”的关注度较高，报道数量较多，报道的重点聚焦于中马两国间的经济合作，突出了中马经济合作所产生的双赢效果，但是“民心相通”方面的报道缺失。因此，应加强两国间的人文交流领域如教育、文化、旅游、媒体、卫生等方面的合作，从而增加相关内容的报道。

大量的正面性报道一方面证明了马来西亚官方对于“一带一路”倡议和项目的支持与认可，另一方面也反映了马来西亚主流媒体在营造积极客观的舆论氛围中起到的作用。当然一些负面报道也应引起我国的重视，一方面要避免从“大国”到“强势”形象的转变，在投资贸易中需要尊重对方的立场，了解马来西亚国情和民情。另一方面，对于马来西亚这样的伊斯兰国家，我国更有必要在宗教问题上做好外宣工作，加强中国与马来西亚媒体之间的业务交流和互动往来，继续开展东盟媒体中国行活动，让东盟媒体记者通过亲身体验来讲好中国故事。

B.9

东海岸铁路重启："希盟"时代中马基建合作的新变化

陈戎轩*

摘　要： 由于马来西亚国内政府更迭，东铁项目陆续经历了重新审查、停工、搁置、重新谈判的曲折过程。最终，在中马两国的努力下，东海岸铁路成功恢复建设。从这一过程中不仅可以看出希望联盟时期马方诉求的新变化，更为未来中马基建合作提供了新的范例。本文将首先总结马来西亚第14届大选前，在野的希盟阵营对东海岸铁路的态度；其次，梳理大选结束后，希盟政府对东铁项目态度的几次转变；再次，对比希盟不同时期对东铁项目的主张，结合重新谈判的最终结果，分析希盟政府在中马基建合作中的核心诉求以及背后的动因；最后，尝试为中马两国继续推进基建合作提出建议。

关键词： 东海岸铁路项目　基础设施建设　中马关系

2019年4月12日，马来西亚总理特使敦·达因·扎伊努丁

* 陈戎轩，北京外国语大学中国—印尼人文交流研究中心研究助理。

（Daim Zainuddin）向媒体宣布，在与中国重新进行谈判后，马中两国政府同意重新启动东海岸铁路项目（East Coast Rail Link，ECRL）。[①] 根据马来西亚总理公署的声明，双方新签订的补充协议涵盖东铁项目一期及二期的工程、采购、建造及调试，变更后的造价从原来的655亿林吉特减少至440亿林吉特，削减了215亿林吉特，削减的部分占原合同总价的32.8%（即由原来的1069.2亿元人民币减少至712.8亿元人民币）。改进后的东铁项目每公里造价为6870万林吉特，而原协议中的造价约为每公里9550万林吉特（即由原来的每公里1.54亿元人民币减少至每公里1.11亿元人民币）。铁路长度也由原规划的688公里缩短至640公里。[②]

东海岸铁路是马来西亚国民阵线政府时期，前总理纳吉布任内大力推动的最重要的大型基建项目之一，旨在通过建设一条连接马来西亚东西海岸的铁路，强化经济相对落后的东北部地区与经济发达的西部地区的联系，以平衡区域差异。东铁建设之初，时任总理纳吉布曾表示，建成后的东铁项目将为东海岸带来1.5%的GDP增长。[③] 他还认为，东铁不仅会成为东海岸地区“发展格局的改变者”（game changer），更会成为马来西亚“发展思维的改变者”（mindset changer）。[④]

关于中马铁路合作建设项目，中国国务院总理李克强则表示，中

① ECRL diteruskan dengan landasan berkembar，kos kurang RM21.5 bilion，*Berita Harian*，April 12，2019，https：//www.bharian.com.my/bisnes/lain – lain/2019/04/552139/ecrl – diteruskan – dengan – landasan – berkembar – kos – kurang – rm215 – bilion（访问时间：2019年5月11日）。

② Press Statement by Prime Minister Tun Dr. Mahathir bin Mohamad on East Coast Rail Link（ECRL）Project，April 15，2019，https：//www.pmo.gov.my/wp – content/uploads/2019/04/Press – Statement – by – PM – on – ECRL_ 15April2019.pdf（访问时间：2019年5月11日）。

③ Najib：ECRL to boost East Coast GDP growth by 1.5%，*The Edge Markets*，March 8，2017，http：//www.theedgemarkets.com/article/najib – ecrl – boost – east – coast – gdp – growth – 15（访问时间：2019年5月11日）。

④ ECRL a “game changer” for Malaysia，says Najib，*The Malaysia Insight*，August 9，2017，https：//www.themalaysianinsight.com/s/10179/（访问时间：2019年5月11日）。

国赞赏马方积极响应"一带一路"倡议，愿同马方深化发展战略对接，共同落实好已达成共识的各项合作，继续支持扩大铁路等基础设施建设合作。①

相比之下，希望联盟则对中马铁路建设合作持谨慎态度。在第14届大选前，当时仍是在野党的希望联盟就将"重新审查东铁等大型基建项目"列入了自己的竞选宣言之中，并将其作为攻击国民阵线政府的"靶子"。② 包括马哈蒂尔在内的希盟领袖，也多次提出质疑，指责该铁路项目造价高昂，致使国家财政债台高筑，主张将其取消。③

2018年5月9日，在获得联邦政权之后，希盟对东铁项目的态度更显得小心谨慎。政权交接初期，在面对媒体时，希盟领导人总是表示将欢迎中国投资放在经济政策的首要位置，而未对具体的项目亮明态度。随后，东铁项目又陆续经历了重新审查、停工、搁置、重新谈判的曲折过程。最终，在中马两国的共同努力下，东海岸铁路成功恢复建设。从这一过程中，不仅可以看出希盟时期马方对与中国开展基础设施建设合作诉求的新变化，更为未来中马基建合作提供了新的范例。

据此，本文将首先总结第14届大选前希盟对东海岸铁路项目的态度；其次，梳理大选结束后希盟政府对东铁项目态度的几次转变；再次，对比希盟不同时期的主张，结合重新谈判的最终结果，分析希盟政府在中马基建合作中的核心诉求以及背后的动因；最后，本文将尝试为中马两国继续推进基建合作提出建议。

---

① 《李克强会见马来西亚总理纳吉布》，新华社，2017年5月13日，http：//www.xinhuanet.com/politics/2017－05/13/c_1120967766.htm（访问时间：2019年5月11日）。

② Sepuluh Janji Seratus Hari，*Buku Harapan*，p. 12，https：//kempen.s3.amazonaws.com/pdf/Buku_Harapan.pdf（访问时间：2019年5月11日）。

③ PH will review，renegotiate ECRL and HSR，says Mahathir，*Free Malaysia Today*，August 24，2017，http：//www.freemalaysiatoday.com/category/nation/2017/08/24/ph－will－review－renegotiate－ecrl－and－hsr－says－mahathir/（访问时间：2019年5月11日）。

一 大选中希盟对东铁项目的质疑

在第14届大选前，与国民阵线政府的竞选策略不同，希望联盟对东铁项目一直持否定态度。希盟对东铁的质疑，主要集中在项目造价过高、引资招标方式不够透明以及投资回报率过低三个方面。同时，对中国对外投资的疑虑，也是希盟审慎对待东海岸铁路项目的重要原因。东海岸铁路项目引发的巨大争议，使其成为第14届大选朝野辩论的核心议题。

首先，希盟认为东铁项目造价过高，向中国举债建造铁路更会引发债务危机。从引资规模来看，按照最初的协议，马来西亚政府将通过中国融资550亿林吉特，其中85%的资金由中国进出口银行提供年利3.25%的贷款，其余15%由马来西亚银行通过伊斯兰债券集资。[①] 规模巨大的贷款引起了马来西亚反对党的关切。希盟有多位国会议员向政府和交通部长廖中莱施压，认为东铁已经成为世界上“最昂贵的基础设施”，而这一切“最终会转嫁到人民身上”。[②]

东铁大举借债的融资形式也引发了巨大的争议。大选后当选“元老理事会”理事的经济学家佐摩指出，中国交建与中国进出口银行都属于中国国企，无论铁路是否盈利，资金最后都将流回中国，而“马来西亚必定是输家”。[③] 此外，民主行动党专门召开了记者发布会，会上马来西亚企业家指出，政府向中国贷款承建东铁项目，若以20年的年限及3%低利率的方式计算，平均每日就需要偿还1000万

① 《马东海岸铁路计划动土，全长逾600公里》，联合早报网，2017年8月10日，https://www.zaobao.com.sg/znews/sea/story20170810-785909（访问时间：2019年5月11日）。

② 《忧东铁成史上最贵基建，在野党促廖中莱交代》，当今大马，2017年10月13日，https://www.malaysiakini.com/news/398213（访问时间：2019年5月11日）。

③ True cost of ECRL may exceed RM100b, Malaysiakini, August 15, 2017, https://www.malaysiakini.com/columns/391940（访问时间：2019年5月11日）。

林吉特。他还认为，"马来西亚国内许多承包商完全可以承担建设"，完全不需要中国的参与。①

其次，东铁项目的"透明度"、"合法性"也是争论的焦点。民主行动党秘书长林冠英认为东铁项目不够透明，"没有进行过公开招标"。② 相比之下，敦·达因的观点则更为犀利，他指出，国民阵线政府模糊处理东海岸铁路的成本，是在逃避公众的质疑。"这是一项投资吗？这不是一项投资，这是一项贷款。"达因认为，国民阵线政府在大众不知情的情况下，就让全体马来西亚人民背上了沉重的债务负担。③

东铁项目的征地过程也遭到质疑。东铁项目涉及马来西亚的吉兰丹、登嘉楼、彭亨和雪兰莪4个州。马来西亚政府需要依法对涉及的州政府所有的土地进行征用，并且对各州政府公布征用理由和确定补偿标准。《马来西亚联邦宪法》第四章第83条第1款规定，联邦政府征用各州的非联邦土地时要与州政府协商。④

然而，早在2017年4月，雪兰莪州议会议员杨美盈就指责联邦政府在公布东铁规划的线路图时"故意漏掉了雪兰莪州内16.7公里长的铁路"，是为了"要把雪兰莪政府排除在决策程序以外，先在其他州开展这项工程，然后才来逼使我们接受他们的计划"。⑤ 在项目开

① 《向中国贷款550亿，官有缘抨ECRL计划》，光华网，2017年8月19日，http://www.kwongwah.com.my/20170819/%E5%90%91%E4%B8%AD%E5%9B%BD%E8%B4%B7%E6%AC%BE550%E4%BA%BF-%E5%AE%98%E6%9C%89%E7%BC%98%E6%8A%A8ecrl%E8%AE%A1%E5%88%92/（访问时间：2019年9月26日）。

② Penang tunnel project more transparent than ECRL, says Guan Eng, *The Malaysia Insight*, January 23, 2018, https://www.themalaysianinsight.com/s/33995/（访问时间：2019年5月11日）。

③ 《东铁没竞标下颁合约，潘俭伟质问谁将获利?》，星洲网，2017年12月20日，http://www.sinchew.com.my/node/1712261（访问时间：2019年5月11日）。

④ Perlembagaan Persekutuan Malaysia, Bab 4, 83 (1).

⑤ 《东铁计划依法展示掀疑窦，议员揭雪重要路段"消失"》，当今大马，2017年4月19日，https://m.malaysiakini.com/news/379641（访问时间：2018年3月18日）。

展以后，雪兰莪州议会也一直拒绝通过马来西亚铁路公司的征地请求。他们认为，东铁项目将破坏雪兰莪州鹅唛地区珍贵的石英山脊。①

最后，希盟认为东海岸铁路投资回报率过低，不能惠及马来西亚本地企业。经济学家佐摩估算，按照原有协议，东铁项目预计在2035年实现每年6000万吨的货运量。但是，即使是在马来西亚铁路公司现有的全国铁路运输网上，每年也只有600万吨的货运量。因此，他接连提出质疑，是否会有足够的乘客流量支撑东铁？什么样的货运需要如此高成本、高速度的铁路连接？世界哪条高铁可以如东铁计划宣称的，在其通过的所有市镇促进这么多商机和就业机会？②

马哈蒂尔也认为，现有东铁方案未能惠及本地企业。在他看来，马来西亚需要的是资金和技术，而并非从劳工到建筑材料采购都包办的中国承包商。让马来西亚企业从中国公司“分一杯羹”并不能满足马哈蒂尔，他所追求的一直是“借鸡下蛋”，最终由马来西亚本国来主导自身发展。③

此外，马来西亚部分学者对于中国投资的“战略意图”存在忧虑。中国在承建对象国项目的同时也为对象国提供融资，并非东铁项目的首创。但是，中国此前取得了坦赞铁路等大型基础设施的经营权，引发了马来西亚国内的争议。④ 最为直接的影响来自斯里兰卡汉

① Selangor belum beri kelulusan, *Utusan*, February 27, 2018, http: //www. utusan. com. my/bisnes/korporat/selangor – belum – beri – kelulusan – 1. 617057（访问时间：2018年3月18日）。

② ECRL will only burden Malaysians, Free Malaysia Today, August 11, 2017, https: //www. freemalaysiatoday. com/category/opinion/2017/08/11/ecrl – will – only – burden – malaysians/（访问时间：2019年5月11日）。

③ Mahathir's Attacks on Foreign Projects Spook Malaysia Investors, Bloomberg, September 13, 2018, https: //www. bloomberg. com/news/articles/2018 – 09 – 12/mahathir – s – attacks – on – foreign – projects – spook – malaysia – investors（访问时间：2019年5月11日）。

④《拿了中国援助承建高铁，马来西亚能否逃离“非洲模式”的历史轨迹?》, The News Lens, 2016年12月7日, https: //asean. thenewslens. com/article/56051（访问时间：2018年3月18日）。

班托塔港（Hambantota Port）事件。汉班托塔港位于斯里兰卡南方省汉班托塔区首府，自 2007 年起在中国的援助下开始建设，2012 年开始运营。2016 年 4 月，斯里兰卡政府因债务问题，向中方提出以“债转股”的方式将汉班托塔港交给中方经营的请求。为协助斯方解决债务问题并确保由中方控制汉班托塔港的运营管理权，中国政府决定以全面收购汉班托塔港资产的方式协助斯方解决债务问题。①

由于此前的争议，马来西亚国内也出现了类似的担忧。希盟领导人频频批评国民阵线政府和纳吉布签署东铁项目协议，是在“出卖国家主权”。② 此外，随着越来越多的中资涌入马来西亚，也有人担心中国会借助经济实力“输出国家意识形态”。马来西亚团结党党员、尤索夫伊萨东南亚研究院高级访问研究员旺赛夫表达了担忧。他指出，从马来西亚看，来自中国的投资 2012～2015 年暴增了 1064%。中国经济的快速发展，向马来西亚和其他国家显示了独特的“中国模式”，这会对处在“民主化”关键时期的马来西亚产生影响。③

综上所述，在第 14 届大选前，希望联盟激烈地抨击、质疑东海岸铁路项目，认为其有损国家利益。在希盟的竞选话语中，东海岸铁路项目集中体现了国民阵线政府“贪污、无能、罔顾民生”的形象。由此，东铁项目也成为朝野双方激烈辩论的核心议题之一。

---

① 《斯里兰卡将汉班托塔港经营权移交中国，中方提出建成“斯里兰卡的蛇口”》，央视新闻，2017 年 12 月 9 日，http：//m. news. cctv. com/2017/12/09/ARTINuzjNkQC7JNUYBaNvAN4171209. shtml（访问时间：2018 年 2 月 25 日）。

② Bukan jual janji tapi laksana demi negara, rakyat Najib, *Berita Harian*, April 11, 2019, https：//www. bharian. com. my/berita/nasional/2018/04/410649/bukan - jual - janji - tapi - laksana - demi - negara - rakyat - najib（访问时间：2019 年 5 月 11 日）。

③ 《旺赛夫：中国投资对马来西亚的冲击》，联合早报网，2017 年 7 月 10 日，http：//www. zaobao. com. sg/zopinions/views/story20170710 - 777806（访问时间：2019 年 5 月 11 日）。

二　希盟执政后态度的转变

在竞选期间，希望联盟利用东铁项目，强化了纳吉布政权罔顾民生的形象，博得了许多选民的支持。民调显示，生活成本过高、国家领导人腐败是选民最关心的问题。① 在这种情况下，国阵大举借债的行为，刺痛了选民脆弱的神经。

为了最大限度地争取支持，希盟曾多次承诺，如果成功执掌联邦政权，将叫停东铁项目。② 不过，诚如马哈蒂尔所说，包括希盟领导人在内的有关各方，都没想到希望联盟会获得最终胜利。③ 因此，在成功执掌联邦政府后，希盟政府不得不艰难地在遵守竞选承诺的同时，兼顾与中国的双边关系。

如何处理东铁项目，维护国内、国外两个大局，实则十分考验马来西亚新一届政府的智慧。对此，希盟政府实际上采取了“四步走”的战略。

第一步，释放积极信号，稳固双边关系大局。2018 年 5 月 10 日，希望联盟召开了大选胜利后的首场新闻发布会。其间，马哈蒂尔就做出承诺，会按照竞选宣言重新审查在马中资项目；但是他同时也表示，希盟政府将继续支持中国的“一带一路”倡议。④ 马哈蒂尔的

① What Is Wrong With Malaysia?, *New York Times*, May 7, 2019, https://www.nytimes.com/2018/05/07/opinion/malaysia-election-najib-razak.html（访问时间：2019 年 5 月 12 日）。

② HSBC: ECRL may be delayed if Opposition win GE14, *New Straits Times*, April 21, 2018, https://www.nst.com.my/news/nation/2018/04/359980/hsbc-ecrl-may-be-delayed-if-opposition-win-ge14（访问时间：2019 年 5 月 12 日）。

③ Tun M kongsi kisah setahun PH jadi kerajaan, *Berita Harian*, May 9, 2019, https://www.bharian.com.my/berita/nasional/2019/05/561779/tun-m-kongsi-kisah-setahun-ph-jadi-kerajaan（访问时间：2019 年 5 月 11 日）。

④《马哈迪：支持一带一路》，诗华日报网，2018 年 5 月 10 日，http://news.seehua.com/?p=362923（访问时间：2019 年 5 月 12 日）。

这番表述，为马来西亚新政府的对华政策奠定了基调：希盟政府致力于维护中马关系大局，但将会对国阵政府时期的对华政策做出调整。

与此同时，希盟高层领导人也多次同中国驻马大使白天会面，传递合作意愿。5 月 25 日，马哈蒂尔与中国驻马大使白天举行了竞选以后的首次会面。在会谈中，马哈蒂尔表示：“近年来中国经济高速增长，铁路等基础设施建设成就显著，农业等领域科技水平日新月异，中国的发展经验和科学技术值得马来西亚学习借鉴，马中合作大有可为。”①

第二步，核查东铁成本，稳定国内情绪。面对国内矛盾，希盟政府主动遵照竞选中的承诺，对大型基建项目进行了重新审查。5 月 18 日，元老理事会成员之一达因向媒体宣布，在重新翻阅合约以后，希盟政府发现，东铁的实际造价为 650 亿林吉特，远远超过了此前国民阵线政府宣称的 550 亿林吉特。②

随后，5 月 24 日，财政部长林冠英向社会公布了政府的财政情况。他宣称，政府的债务水平已经高达 1 兆林吉特。③ 林冠英的此番表态，为马来西亚重新审查基建项目提供了合理基础：减轻国家的债务负担才是当务之急。

5 月 28 日，马哈蒂尔在面对媒体时表示，马来西亚政府会与中国重新谈判多个项目，其中就包括东铁项目。④

---

① Mahathir：Terus Galakkan Kerjasama Malaysia-China, *CRI Bahasa Melayu*, May 25, 2019, http：//malay. cri. cn/20180525/6f0b1b71 – 8724 – d9a5 – 5d52 – 2fac54742101. html（访问时间：2019 年 5 月 12 日）。

② Kos sebenar ECRL melebihi RM55b, *Utusan*, May 18, 2018, http：//www. utusan. com. my/berita/nasional/kos – sebenar – ecrl – melebihi – rm55b – 1. 675220（访问时间：2019 年 5 月 12 日）。

③ Guan Eng dedah perincian hutang RM1 trilion, *Astro Awani*, May 24, 2018, http：//www. astroawani. com/berita – bisnes/guan – eng – dedah – perincian – hutang – rm1 – trilion – 176387（访问时间：2019 年 5 月 12 日）。

④ HSR：Keputusan batal projek muktamad-Dr M. , *Berita Harian*, May 28, 2018, https：//www. bharian. com. my/berita/nasional/2018/05/431432/hsr – keputusan – batal – projek – muktamad – dr – m（访问时间：2019 年 5 月 12 日）。

5 月 29 日，马来西亚副总理万·阿齐扎表示，东铁项目的有关条款“非常奇怪”——马来西亚政府已经向中国交建提前支付了一大笔工程款项。她同时强调，这些大型基建项目推高了国家的债务水平，希盟政府必须重新审查东铁项目。[①]

6 月 15 日，林冠英表示，马来西亚政府可能不得不暂停东海岸铁路项目。他相信，这不会影响中马关系，中国能够理解马来西亚的苦衷。[②] 6 月 23 日，林冠英再次向外界表态，国民阵线政府已经为东海岸铁路项目支付了 200 亿林吉特的费用。东铁一旦取消，将会给马来西亚带来巨大的损失。由此，他希望中马双方可以重新谈判，降低东铁的成本，从而继续开展东铁建设。[③]

7 月 2 日，财政部的一份报告再次掀起了东铁这一话题。林冠英透露称，马来西亚政府经过调查发现，如果将土地征用、贷款利息等成本精准核算，东铁项目的实际成本将高达 810 亿林吉特（约合人民币 1319.74 亿元），除非大幅降低成本，否则马来西亚财政难以负担。次日，马来西亚铁路公司以信函的方式要求东铁总承建商中国交建马上停工。信函说明，中国交建在停工期间，“需要确保已经完成的部分免受损失或破坏”。[④] 不过，马方在叫停东铁的细节处理上，已经为日后留有余地：停工通知是以信函而非公开声明的形式发出，同时也希望承建方保留已完工的部分。

---

① Projek ECRL “pejanjian aneh”, kata Wan Azizah, *Free Malaysia Today*, May 29, 2018, https://www.freemalaysiatoday.com/category/bahasa/2018/05/29/projek-ecrl-pejanjian-aneh-kata-wan-azizah/（访问时间：2019 年 5 月 12 日）。

② “China, Singapura faham keputusan kaji semula ECRL, HSR”, Malaysiakini, June 15, 2018, https://www.malaysiakini.com/news/429885（访问时间：2019 年 5 月 12 日）。

③ ECRL diteruskan selepas perbincangan semula kos, *Berita Harian*, June 24, 2018, https://www.bharian.com.my/berita/nasional/2018/06/440782/ecrl-diteruskan-selepas-perbincangan-semula-kos（访问时间：2019 年 5 月 12 日）。

④ CCCC confirms ECRL suspension order by MRL, *New Straits Times*, July 4, 2018, https://www.nst.com.my/business/2018/07/387377/cccc-confirms-ecrl-suspension-order-mrl（访问时间：2019 年 5 月 12 日）。

第三步，希盟政府积极与中方直接开展会谈。随着中马双方高层交流的日益频繁，双方重新协商经济关系。中马两国迅速调整姿态，彰显两国关系回温。

7 月 18 日，马来西亚元老理事会成员之一达因到访中国，先后与中国外交部长王毅和国务院总理李克强会面。达因此次访华，是为了与中方协商有关东铁工程的条款及成本，并为马哈蒂尔访华铺路。由此，中马高层的谈判进程正式开始。[①]

8 月 1 日，中国外交部长王毅访问马来西亚，与马哈蒂尔总理和马来西亚外交部长赛夫丁分别举行会谈。在会谈中，中马双方就东铁等大型基建项目开展初步会谈，王毅同时邀请马哈蒂尔于 8 月下旬访问中国。[②]

8 月 17 日，马哈蒂尔正式访问中国。这是马哈蒂尔再次出任总理以后首次正式访问除东盟成员国以外的其他国家。8 月 20 日，马哈蒂尔与中国国家主席习近平、国务院总理李克强举行会晤。马哈蒂尔表示，这次访华是马来西亚新政府的重要举措，旨在向中国政府和中国人民表明，马来西亚对华友好的政策不会变化。[③]

8 月 21 日，在结束访华行程之前，马哈蒂尔在北京举行的记者会上说，自己已经就相关问题向中方领导人做了解释并获得了"谅解"。马来西亚将取消中方参与投资东海岸铁路计划和阳光油气管计

---

① 《王毅会见马来西亚总理特使达因》，中华人民共和国外交部，2018 年 7 月 18 日，https：//www.fmprc.gov.cn/web/wjbzhd/t1578219.shtml（访问时间：2019 年 5 月 12 日）；《李克强会见马来西亚总理特使》，新华网，2018 年 7 月 19 日，http：//www.xinhuanet.com/world/2018－07/19/c_1123149096.htm（访问时间：2019 年 5 月 12 日）。

② 《马来西亚总理马哈蒂尔会见王毅》，新华网，2018 年 8 月 1 日，http：//www.xinhuanet.com/world/2018－08/01/c_1123209766.htm（访问时间：2019 年 5 月 12 日）；China's Wang Yi meets Malaysian PM Mahathir to discuss visit to Beijing, *The Straits Times*, August 1, 2018, https：//www.straitstimes.com/asia/se－asia/chinas－wang－yi－meets－malaysian－pm－mahathir－to－discuss－visit－to－beijing（访问时间：2019 年 5 月 12 日）。

③ 《习近平会见马来西亚总理马哈蒂尔》，新华网，2018 年 8 月 20 日，http：//www.xinhuanet.com/silkroad/2018－08/20/c_1123298865.htm（访问时间：2019 年 5 月 12 日）。

划。他说："我相信，中国也不希望马来西亚成为一个破产的国家。"至于赔偿问题，将交于马来西亚官员与中方企业进行谈判。①

对此，中国外交部发言人陆慷表示："对于合作中出现的问题，应从两国友好和双边关系长远发展出发，通过友好协商妥善解决。"马哈蒂尔此次访华，虽然与中国在数字自贸区、棕榈油出口和"国产车3.0"等项目上达成了合作协议，但依旧展现了其对中资项目的强硬态度。②

第四步，马来西亚"以退为进"。尽管宣布"取消"东铁项目，但依然积极与中国保持沟通，争取以更低的成本完成项目建设。8月24日，马哈蒂尔突然改变态度，再次宣布马来西亚政府尚未决定是否推迟，抑或是取消东海岸铁路项目。中马双方为期半年多的谈判由此展开。③

8月28日，马哈蒂尔向外界透露，有许多来自中国及马来西亚本地的企业希望承建东铁项目。其中，最高报价为300亿林吉特，而最低的报价仅为100亿林吉特。马哈蒂尔表示："既然如此，为这条铁路支付550亿林吉特，实在是有损我们的国家财政。当然，我们还要认真审查，是否能以如此低廉的价格，完成东铁项目建设。"④ 不过，外界对马哈蒂尔的此番表态反应不一。更多人认为，马哈蒂尔只

---

① Malaysia's Mahathir cancels China-backed rail, pipeline projects, *Ruters*, August 21, https://www.reuters.com/article/us-china-malaysia/malaysias-mahathir-cancels-china-backed-rail-pipeline-projects-idUSKCN1L60DQ（访问时间：2019年5月12日）。

②《2018年8月21日外交部发言人陆慷主持例行记者会》，中华人民共和国外交部，2018年8月21日，https://www.fmprc.gov.cn/web/fyrbt_673021/t1586959.shtml（访问时间：2019年5月12日）。

③《展延或取消东铁计划未定案》，《诗华日报》，2018年8月25日，http://news.seehua.com/?p=386803（访问时间：2019年5月12日）。

④ Gov't received offers to build ECRL for RM10bil: Dr M., *New Straits Times*, August 28, 2019, https://www.nst.com.my/news/government-public-policy/2018/08/405724/govt-received-offers-build-ecrl-rm10bil-dr-m（访问时间：2019年5月12日）。

是在释放"烟雾弹"，试图"夺人眼球"，从而对中国施压。[①]

10月22日，财政部长林冠英表示，中马双方尚未就东海岸铁路项目的成本问题达成共识，因此政府尚未决定是否要终止这个项目。不过，如果双方最终决定取消这一项目，马来西亚政府可以收回大约100亿林吉特的预付款。[②] 11月10日，马哈蒂尔在接受媒体专访时表示，有关谈判仍在继续，不过他并不清楚中马双方就东铁项目的谈判进展到了哪一步。他承认，这是一场艰难的谈判，但是双方都有信心坚持谈判，直至获得成功。[③]

2019年1月1日，马哈蒂尔对东海岸铁路项目做出了更为积极的表态。他表示，自己并不希望中国的利益在谈判中受损。如果中国同意，马来西亚政府或以缩小东铁项目规模的方式，继续完成这项工程。但是，他再次重申了自己的观点：东海岸各州人烟稀少，很难保证东海岸铁路在运营中获利。[④]

马哈蒂尔的一系列补救措施，打消了中国的顾虑，同时也赢得了中方的谅解。马哈蒂尔的上述举措，既有利于东铁项目的妥善解决，也稳定了中马关系，使东铁项目对中马关系的冲击降到最低。在此情况下，中方也适当妥协，表示成本可有所减少。

但马来西亚参与谈判的官员太多，情况变得非常复杂，导致马来

---

① ECRL project offerings as low as RM10bil raise eyebrows, *New Staits Times*, September 2, 2018, https：//www. nst. com. my/business/2018/09/407313/ecrl – project – offerings – low – rm10bil – raise – eyebrows（访问时间：2019年5月12日）。

② Kerajaan boleh dapatkan semula RM10. 02 bilion jika ECRL dibatalkan-Guan Eng, *Berita Harian*, October 22, 2018, https：//www. bharian. com. my/berita/nasional/2018/10/488929/kerajaan – boleh – dapatkan – semula – rm1002 – bilion – jika – ecrl – dibatalkan（访问时间：2019年5月12日）。

③ "ECRL talks are still going on", The Star Online, November 10, https：//www. thestar. com. my/news/nation/2018/11/10/ecrl – talks – are – still – going – on – its – not – easy – but – well – keep – at – it – until – we – succeed – says – pm/（访问时间：2019年5月12日）。

④ Mahathir：I am not pro-Japan and anti-China, I am China's good friend, *The Straits Times*, January 3, 2019, https：//www. straitstimes. com/asia/se – asia/mahathir – i – am – not – pro – japan – and – anti – china – i – am – chinas – good – friend（访问时间：2019年5月12日）。

西亚政府曾宣布终止东铁项目。在谈判过程中，马来西亚政府内部对东铁项目产生了不同的看法。1 月 26 日，经济事务部长阿兹敏·阿里向媒体宣布，政府正式决定取消东海岸铁路项目。他表示，如果按照现有的合约，政府每年需要支付 500 万林吉特的利息，这无疑是一个沉重的负担。[①] 不过，财政部长林冠英立刻澄清，东铁项目谈判仍在进行。[②]

2 月初，东铁项目谈判最终迎来突破性进展。中国交建向马方提出，同意大幅度削减东海岸铁路的造价。而马来西亚政府其实也不想彻底终止东海岸铁路项目，只是想缩小其规模并削减成本。希盟政府暂搁中马合作项目的决定，造成的损失是巨大的。[③] 舆论认为，政治经验丰富的马哈蒂尔深知东铁项目对中国投资和中马关系强大的破坏效应，也了解减少中国投资对马来西亚经济社会发展的负面效应。

4 月 12 日，马来西亚总理府发布公告，正式宣布中马两国将重启搁置多月的东海岸铁路项目。在随后公布的新协议中，东铁的项目成本较原先削减了近三分之一。新版东海岸铁路在路线规划上亦有所调整，据称考虑到环境保护因素，路线将绕过被列为联合国遗产区的鹅唛石英山脊，转而经过位于马来半岛西海岸的森美兰州。[④]

---

① Azmin：Kerajaan muktamad batal kontrak CCCC bina ECRL，*Free Malaysia Today*，January 26，https：//www. freemalaysiatoday. com/category/bahasa/2019/01/26/azmin-kerajaan-muktamad-batal-kontrak-cccc-bina-ecrl/（访问时间：2019 年 5 月 12 日）。

② Guan Eng terkejut，Azmin dedah kerajaan batal projek ECRL，*MSN News*，January 26，2019，https：//www. msn. com/en – my/news/national/guan – eng – terkejut – azmin – dedah – kerajaan – batal – projek – ecrl/ar – BBSKVAB#page =2（访问时间：2019 年 5 月 12 日）。

③《评级机构：马国只想缩小东铁规模并非彻底终止》，联合早报网，2019 年 2 月 21 日，https：//www. zaobao. com. sg/news/sea/story20190221 –933632（访问时间：2019 年 5 月 11 日）。

④《马来西亚重启中资东铁项目，首两期耗资 107 亿美元》，联合早报网，2019 年 4 月 12 日，https：//www. zaobao. com. sg/realtime/china/story20190412 –948097（访问时间：2019 年 5 月 13 日）。

综上所述，希望联盟在执掌联邦政权后，对东海岸铁路项目的态度发生了多次转变。总体上来说，希盟政府首先主动缓和态度，向中国释放善意信号；其次，渲染马来西亚严峻的财务状况，在争取中国方面谅解的同时安抚国内选民的情绪；最后，通过长线谈判，最大限度地争取利益。

三　希盟政府的核心诉求

东铁项目重启后，马来西亚官方发布的声明表示：希盟政府此前暂停东铁项目的主要原因是2016年原东铁项目谈判和签署的方式以及速度，认为原东铁项目协议是不合理的，且总价过高，缺乏对技术规格、造价以及附加的经济效益的明确说明。在经历了漫长而艰难的谈判之后，马来西亚政府与中华人民共和国政府最终达成了一份平等互惠的协定——改进后的东铁项目合约。联邦政府称，相信东铁项目将促进经济，特别是将促进在由反对党执政的东海岸各州的增长和发展。改进后的东铁项目将提供货运和客运，吸引各方对铁路沿线的投资，并创造重要的就业机会。①

根据中国与马来西亚方面达成的新协议的有关内容，以及希盟政府在这一问题上态度的几次转换，不难看出，马来西亚新一届政府上台后，在处理东铁问题上面临重重矛盾。

第一，长期基建规划的必要性和马来西亚人民短期迫切需求的矛盾。当选后的希盟领导人尽管认为大型基建投资规模过高，但很快意识到这些项目的必要性。但是，在支持希盟的选民看来，消费税推高了生活成本，政府却仍然大举动用国家财政推进大型项目建设，罔顾

① Press Statement by Prime Minister Tun Dr. Mahathir bin Mohamad on East Coast Rail Link (ECRL) Project.

民生。此外，希盟在《百日十大新政》中，承诺“重新审查”有关项目。这也是自诩“民选政府”的希盟不能违背的“金科玉律”。

第二，希盟政府面临的更深一层矛盾，是发展的现实所需与对国阵政府“政治遗产”进行清算之间的矛盾。所谓的“政治遗产”包括政府形象和官僚体系两个方面。希盟政府在处理东铁项目时，时刻注意与国民阵线“贪腐”的政府形象划清界限。最重要的是，实际负责东铁项目的是一批特定的公务员队伍和官僚公司。达因特使访华期间，马来西亚反贪污委员会突击搜查了东铁项目的主要承包商。这种步调不一致的行为，凸显了希盟政府和公务员团队的摩擦。如何在新政府执政初期，同庞大的官僚体系角力，也会对决策造成困扰。①

第三，马来西亚政府特别是马哈蒂尔，期望保持国家事务的独立自主，但又无法忽视中国经济的强大影响力。马哈蒂尔以及新一届政府希望摆脱对中国的经济依赖。与此同时，马哈蒂尔也认识到，中国是个强大的邻居，“思考如何从中国的财富与力量中获利，才是马来西亚现在要做的事情”。②

尤其是此次东铁谈判期间，欧盟宣布限制从马来西亚进口棕榈油，这对于马来西亚的打击是致命的。长期以来，马来西亚经济极度依赖棕榈油出口。根据 2012 年的数据，棕榈油出口收入几乎占到马来西亚国民收入的 8%。③ 而马来西亚宣布恢复东铁项目以后，中国

---

① Malaysian PM Mahathir, “Most of the top echelons in the government are corrupt”, *CNN*, July 26, 2018, https://edition.cnn.com/2018/07/25/asia/malaysia-mahathir-mohamad-interview-intl/index.html（访问时间：2019 年 5 月 13 日）。

② Mahathir Mohamad on Islam, politics and the love of his life, *CNN*, August 2, 2018, https://edition.cnn.com/2018/08/01/asia/mahathir-mohamad-malaysia-q-and-a/index.html（访问时间：2019 年 5 月 13 日）。

③ Palm oil and rubber industries major contributors to Malaysia's GNI, *New Straits Times*, March 23, 2018, https://www.nst.com.my/business/2018/03/348553/palm-oil-and-rubber-industries-major-contributors-malaysias-gni（访问时间：2019 年 5 月 13 日）。

方面也立刻宣布增加从马来西亚的棕榈油进口。[①] 由此可见，在经济方面中国对马来西亚有着不可忽视的影响力。[②]

马来西亚新一届政府并不排斥基础设施建设。虽然目前其这一方面的政策尚未自成体系，但是不难从中总结出新一届政府对基础设施建设的核心诉求："节流"、"平衡"与"自主"。

第一，"节流"，降低基建项目成本是希盟最基本的诉求。希盟政府发展基建的首要目标始终是减少开支，降低联邦政府的负债水平。林冠英也直言，降低成本是目前重启东铁项目的首要条件。

开源节流、降低联邦政府债务水平，与希望联盟的合法性构建息息相关。批评国阵几乎成为希盟政府的"政治正确"。希盟各个部长在受到质疑时，也习惯性地将国阵时期遗留的种种弊病作为借口。执政一年以来，在马来西亚领导人看来，希盟政府最大的成就，就是"矫正国家经济发展方向"：惩治腐败、降低国债水平，是经济发展的首要目标。[③] 因此，在未来一段时间内，希盟政府不会放弃紧缩的财政政策。[④]

第二，引资过程中注重"平衡"，兼顾马来西亚国内各方诉求。相比于国民阵线，希盟执政下的联邦政府相对弱势，更需要兼顾各方利益。一方面，联邦政府需要满足地方政府的合理诉求。修改后的东铁线路，绕过了极富争议的鹅唛石英山脊，实际上是联邦政府与雪兰

---

① China bakal tambah pembelian minyak sawit Malaysia bernilai RM4. 56 bilion, Bernama, April 25, https：//www. bernama. com/bm/news. php？ id = 1720323（访问时间：2019 年 5 月 13 日）。

② Malaysia to "take advantage" of ECRL deal to sell China more palm oil：Mahathir Mohamad, *South China Morning Post*, April 15, 2019. https：//www. scmp. com/week – asia/geopolitics/article/3006171/malaysia – take – advantage – ecrl – deal – sell – china – more – palm – oil（访问时间：2019 年 5 月 13 日）。

③ Setahun PH：Tadbir urus yang baik asas kukuh bangunkan Malaysia-Wan Azizah, Bernama, http：//www. bernama. com/bm/news. php？ id = 1724148（访问时间：2019 年 5 月 13 日）。

④ One Year in, Mahathir Gets Mixed Result on Malaysian Economy, *Bloomberg*, May 9, 2019, https：//www. bloomberg. com/news/articles/2019 – 05 – 08/one – year – in – mahathir – gets – mixed – result – on – malaysian – economy（访问时间：2019 年 5 月 13 日）。

莪州政府妥协后的结果。①

另一方面，东铁项目经过的主要是在野党执政的吉兰丹、登嘉楼和彭亨州。但是，当地居民仍然寄希望于通过东铁项目建设拉动地区经济，缩小与西海岸之间的贫富差距。因此，希盟政府也必须兼顾这一部分人群的利益。②

第三，希盟的核心观点始终是“自主”。马来西亚所需的是资金以及技术的引入，最终必须由马来西亚人自主建设、运营大型基建项目。为了发展马来西亚本国的基础设施建设行业，在新方案中，本地承包商参与项目建设的比例从最初的 30%，提高到现在的 40%。达因也对媒体表示，希望马来西亚本地承包商多多参与到东铁建设中来，“如果感到害羞，可以直接来找我帮忙”。③

为了确保东铁沿线能够实现规模效应，带动地区经济发展，马来西亚将东铁 50% 的运营权出让给了中国交建。马来西亚此举，是希望中国交建可以帮助吸引更多的中国投资，推动马来西亚东海岸实现跨越式发展。④

此次借助东海岸铁路项目，希盟政府向中国传达了务实经济合作模式的明确意愿。中马两国政府若能抓住这次机会，将曲折化解为促进双方对话的契机，建立常态化交流机制，反而可以带动中马关系迈上新的台阶。

---

① Kerajaan Selangor gembira ECRL tidak libatkan lokasi kuarzit, Bernama, April 15, 2019, http://www. bernama. com/bm/news. php? id = 1716729（访问时间：2019 年 5 月 13 日）。

② People in East Coast still hopeful for ECRL, *New Straits Times*, June 18, 2019, https://www. nst. com. my/news/nation/2018/06/381209/people – east – coast – still – hopeful – ecrl（访问时间：2019 年 5 月 13 日）。

③ ECRL: Datang jumpa saya jika malu-Daim, *Utusan*, April 19, 2019, http://www. utusan. com. my/berita/nasional/ecrl – datang – jumpa – saya – jika – malu – daim – 1. 885118（访问时间：2019 年 5 月 13 日）。

④ Daim: “Kabinet Najib tak tahu hujung-pangkal ECRL”, Malaysiakini, April 19, 2019, https://www. malaysiakini. com/news/472961（访问时间：2019 年 5 月 13 日）。

四　"希盟"时代中马基建合作的应对策略

总结希盟政府有关东海岸铁路的种种表态，不难看出，希望联盟政府对中马基建合作仍然秉持积极的态度。中方可以根据希盟政府的诉求，更加精准地推进中国在马基础设施建设。

第一，中方要保持战略定力。在推进铁路建设的过程中，中方应该意识到，回应对方争议的最好方法，就是保持战略定力。随着中国的迅速发展、"一带一路"建设的加速推进，出现各种各样的声音和看法在所难免，中国要发展好自己，处理好对外关系，要让世界看到，中国发展好了，世界是受益的；中国依据自身的国情来发展，也是符合世界发展趋势的。①

第二，中方要更多地让马方资本参与到项目建设的进程中去，与马方共同推进铁路等基础设施建设。正如中国驻马来西亚大使白天所说，中马两国推进"一带一路"合作，既要深化传统领域，还要打造更多合作增长点，既要重视大企业"大而强"的龙头作用，还要发挥好中小企业"小而活"的优势，支持中小企业开辟合作新领域。②

第三，中方企业应该主动承担更多的社会责任，打好群众基础。东铁项目建设周期很长，马来西亚民众难以在短期内切实感受到铁路建设带来的发展红利。中国企业可以主动承担更多的社会责任，增加工程沿线民众对企业的好感度。只有得到最广大人民群众的认可，中

① 《又炒热"中国经济威胁论"，一些西方国家患了焦虑症?》，人民网，2018 年 2 月 8 日，http：//world. people. com. cn/n1/2018/0208/c1002 – 29813670. html（访问时间：2019 年 5 月 13 日）。

② 《马来西亚期待更多中小企业参与"一带一路"合作》，新华网，2018 年 2 月 6 日，http：//www. xinhuanet. com/world/2018 – 02/06/c_ 129806610. htm（访问时间：2018 年 5 月 11 日）。

国企业才能站稳脚跟。同时，中方企业在接触马来西亚社会时要注意方式和渠道。马来西亚的主流社交媒体是 What's App，使用人数占到了马来西亚网民的 77%，而中国企业最常用的微信在马来西亚的市场占有率只有 13%。[①] 中方企业要更多地通过马来西亚的主流社交平台发布信息，促进中马双方信息的交流。

结　语

马来西亚政权更迭不会改变马来西亚多年来基于其地理、历史、族群构成、权力平衡等因素确定的国家利益和对华政策的大方向。中国作为马来西亚最大的贸易伙伴、制造业最大投资来源国、工程施工承包最主要合作方、外国游客最大来源国之一，中马两国是共建“一带一路”的天然伙伴，双边合作能够助推马来西亚的发展。

当前中马关系处于新的重要历史方位，中国快速发展、国际格局和马国内政治的变化要求双边关系发展要有“新模式”，对中国海外投资和双边经贸合作提出了新的要求，也为中国优化和完善“一带一路”下的海外项目提供了机遇。“沉舟侧畔千帆过”，东铁项目波折只是中马友谊中的一段小插曲。中国在成长为全球性大国的过程中，必然会兼顾周边国家的诉求，与马来西亚良性互动、相互适应，建立利益共同体，使中马两国利益共享、共存，推动双边睦邻友好，并借此推动中马合作提质升级。

① 《沙烈：获取资讯分享生活，大马最多人用 What's App》，星洲网，2017 年 9 月 12 日，http：//www. sinchew. com. my/node/1681475（访问时间：2018 年 5 月 11 日）。

专家论坛

Expert Forum

B.10

马来西亚61年大变局：动力与前景

——北京大学“博雅工作坊”第十二工作间会议纪要

2018年9月25日

主持人语： “博雅工作坊”是北京大学区域与国别研究院定期举办的学术活动之一，通过邀请国内外不同领域的专家学者及各界人士，就区域与国别研究中的重大理论与现实问题、学术关注重点和社会文化问题等展开深入探讨，找寻解决路径。2018年5月，由前总理马哈蒂尔领导的反对党联盟赢得马来西亚大选，结束了执政联盟国民阵线61年的掌权历史。曾经担任总理22年的马哈蒂尔再次出任马来西亚政府总理，这一结果被外界形容为“马来西亚独立以来最具历史意义的政治地震”。9月25日，北京大学区域与国别研究院举办主题为“马来西亚61年大变局：动力与前景”的博雅工作坊，来自中国社会科学院、中国现代国际关系研究院、北京大学、北京外国语大学、中央民族大学等高校及研究机构的10余名专家学者，进行了一场议题集中、视角多元的跨学科讨论。

一是在学术层面，深入探讨了“马来西亚61年政治大变局”的底层动力和根源问题，如长期占主导地位的种族政治范式；马来人、华人、印度人等不同的民族特性对选举投票等政治行为的影响；以及多元种族社会和经济结构的相互作用等对马来西亚政治的影响，提出“平衡”而非“平等”等重要论断。二是在政策层面，提出“马哈蒂尔当政是否意味着马来西亚出现内政外交分水岭”的问题，分析预测马来西亚未来的政治结构是否会发生激烈变化、政党格局斗争态势加剧、社会经济生态将进一步向多元化方向发展等。三是在公共传播层面，涉及“如何让中国人理性平实地理解马来西亚”等问题，认为我国对马来西亚国情缺乏基本认知，专家学者发声较少，即使有一些针对公众的推送等，也会出现相关公共知识产品的被劣币驱良币等问题。以上有关马来西亚的学术、政策和公共传播等问题，均值得学术界、政策界和传媒等领域加强针对性的研究和传播。

关键词： 马来西亚　政治大变局　中马关系

发言学者： 许利平、周方冶、宿景祥、骆永昆、陈庆鸿、龚浩群、傅聪聪、释慧固、孔涛、孔金磊、邓世轩、何宜贤。

编　辑： 兰　旻

审　稿： 翟　崑

终　审： 钱乘旦

本期博雅工作坊由北京大学区域与国别研究院副院长、国际关系学院教授翟崑主持。区域与国别研究院院长钱乘旦教授发表致辞。钱院长在致辞中表示，研究院于 2018 年 4 月成立，在学术研究方面紧扣区域与国别研究主题，对相关国家和地区政治、经济、社会、文化方方面面进行深入了解和探讨，服务于国家发展及国内学术研究的需要。在人才培养方面，通过招收博士生，培养出一批有深厚学术功底、有广阔知识的跨学科型研究人才，填补国内学术界空白。他指出，不同于报告会和学术演讲，博雅工作坊主要通过发言和讨论融合的形式，对特定国家的特定问题展开研究，在此前举行的 11 期工作坊中，来自各领域的专家学者就朝鲜半岛、特朗普现象、苏格兰脱英、土耳其政局及巴基斯坦文化等主题进行了深入探讨，希望今天各位专家能针对马来西亚近期的新情况，从不同学科领域进行全面分析，使相关部门和人员对马来西亚问题有更深的理解。

一、中国社会科学院亚太与全球战略研究院研究员许利平：《从民族性的角度探讨马来西亚政局“变天”及对中国的影响》。

他表示，马来西亚政局“变天”出乎很多人的意料，包括希望联盟都没想到自己能胜选。马哈蒂尔在执政 100 天时曾开玩笑地说，由于当初没想到能赢，在竞选中承诺太多，结果很多都难以实现。这在某种程度上也表明希望联盟还没有做好执政的准备。对于其赢得选举的原因，他认为，在分析马来西亚选举政治时，一个很重要的因素就是“东马”因素，因为马来西亚主要的政治版图在“西马”，比如巫统、马华公会等都集中在这里，但实际上，“东马”民众的偏向性却决定了选举方向。此外，沙巴和沙捞越民众的态度也是影响此次选举的风向标。此外，马哈蒂尔个人因素也在选举中发挥了“临门一脚”的作用。92 岁高龄的马哈蒂尔在大选中富有激情的演讲感动了很多人，而纳吉布苍白无力的演讲使很多人对“国阵”失去了信心。马哈蒂尔的口号集中在“改变”上，承诺要“反贪污”，而纳吉布的口号却是“投给国阵，我给大家放假去旅游”，给人以没有高目标的感觉，这也是很多马来西亚人的直观感受。也有人认为此次选举是“巫统打败了巫统”，因为反对党中很多领导人物如马哈蒂尔、慕希丁都是前巫统的人，掌握了巫统的人脉，在竞选中发挥了重要作用。

从民族性角度分析，影响选举的首要因素是“土著”。一般来说，马来西亚土著主要指马来人，即会说马来语、信奉伊斯兰教、奉行马来西亚文化传统习俗的人。这些人在马来西亚拥有政治和经济方面的特权，比如可以拥有地契，有权利获得政府大型工程项目等。马来人有一个重要特点，就是“免费文化”，他们认为享受包括特权在内的免费东西是理所应当的，这也是马来西亚种族政治延续至今的重要原因之一，这种特性是很难改变的。很多东马土著居民并不信奉伊斯兰教，而是信仰当地宗教，他们认为自己在马来西亚的政治经济生活中被边缘化，比如在沙巴地区，因大部分资源被中央政府拿走，本地人得不到应有的利益，感觉受到了歧视，将票投给了反对党。其次，华人在马来西亚经济领域的影响力很大，只是由于传统上他们没有任何政治诉求，在政治方面并没有扮演重要角色，这与当年英国人在马来西亚进行种族政治的“设计”有密切关系。这也是近些年马来西亚选举中 90% 的华人投票给反对党的原因，他们对国民阵线中的马华公会不满，认为它不能代表华人的利益，因此转向了反对党。

最后，马来西亚的印度裔占总人口的7%左右，大部分从事一些特殊职业，他们大部分也都因被边缘化从而支持反对党。

许利平指出，未来10年，马来西亚的种族政治架构不会发生彻底改变，无论哪个政党执政，都需要争取马来人这个“大盘”的支持，而华人要改变自身的政治地位比较困难。此外，马哈蒂尔上台前曾承诺只担任两年的总理，之后将交权给安瓦尔，但后来马哈蒂尔模糊了这个承诺，因此两年后如果他不交权，安瓦尔或许会挑战其权威，马来西亚政局也可能因此进入动荡期，各政党会通过交叉组合争取权力。如果两年内马哈蒂尔能够重新将巫统招至麾下，其政权会得以稳固；如果没有成功，安瓦尔有可能会与巫统结合，甚至与伊斯兰教党结合，由此导致马来西亚政局发生急剧变化。

对于中马关系，许利平认为，马哈蒂尔执政期间，中马关系总体将处于平稳阶段，毕竟马哈蒂尔曾当政22年，与中国有很多互利合作。如果安瓦尔上台，中马关系可能会存在一定变数，因为他与美国走得很近。此外安瓦尔对在马来西亚推动民主、自由持积极态度，他非常欣赏印尼的民主改革，希望马来西亚效仿印尼的宪政改革之路。所以如果安瓦尔上台会带来许多不确定因素，或许给中国在马来西亚的一些项目带来影响，中国应未雨绸缪。

二、中国现代国际关系研究院副研究员骆永昆：《马来西亚变局探析》，包括：变局的原因，变局后的马来西亚，外交新动向以及未来的发展。

他认为，马来西亚出现大变局有三方面原因。表面原因是马哈蒂尔与纳吉布的直接对抗导致了此次变局，其中有两个因素，一是作为马来西亚政坛的重量级人物，马哈蒂尔加入反对党阵营产生了很大的影响力；二是纳吉布涉及的“一马公司腐败案”产生的负面效应。深层原因则是安瓦尔反巫统的效果。自1998年起，安瓦尔领导的反对派一直打击马哈蒂尔和巫统，收到了成效也争取到了民心。由于巫统长期执政引发了各种各样的问题，大家对它都不满，这种不满在2018年得到了总爆发。根本原因则是马来西亚近20年来公民社会发生了巨大变化。巫统成立之初，目标是维护所谓的“马来人特权”，但随着社会发展，民众对于经济、政治、生活、环保等方面的诉求越来越多，而巫统仍坚守维护特权，处理问题的能力满足不了民众的需要。

对于变局后的马来西亚，骆永昆表示，一党独大的格局被打破，但政治基本格局没有变。具体有三个表现，一是现任总理马哈蒂尔尽管很强势，但他在国会、政党、内阁等方面都面临着巨大的挑战和压力；二是马来西亚国内政党竞争处于历史最激烈阶段，无论是执政联盟内部还是在野党，权力斗争都很激烈；三是在野党仍有执政能力。尽管巫统的退党人数有所增加，但其实力和能力在马来西亚政局中仍有较强的影响力。值得注意的是，虽然巫统不再一党独大，但目前也没有其他政党能够做到独大，而在马来西亚的基本政治格局中，“马来人至上”的特点没有改变，巫统与反巫统两个阵营持续较劲的状况也没有改变。

骆永昆指出，变局之后的马来西亚外交仍将遵循周边是首要、东盟是基础、东亚是关键、伊斯兰世界是外交舞台的基本布局。其中最有可能发生变化的是东亚政策，在中马关系出问题的情况下，日马关系可能会往前走，但由于经济外交仍将是马来西亚外交的重点方向，这就决定了未来中马关系不会走入低谷。

对于未来马来西亚的格局及中马关系的发展，目前还难以定性马来西亚的前景，作为过渡者的马哈蒂尔执政后推出了新举措，颁布了新政策，如果未来其继任者能够沿着这条路走下去，则可能会引发质变。未来马来西亚的政治格局很可能会出现印尼模式，即不存在巫统和反巫统的固定两派，而是各个政党进行自由组合争夺权力。但有一点，华人政党实现组合执政的可能性仍很小。中马关系目前处于关键的转折点，可能转好也可能转坏，但中马关系的基本面没有变，一是高层互信，二是经济利益驱动，三是民间友好，在这个基础上，未来双方分歧面可能会扩大。中马关系目前面临几个问题，一是南海问题，二是“一带一路”如何在马来西亚落实推进，三是华人问题，这些问题会给双边关系带来不稳定因素，并且面对地区及世界形势的不断变化，马来西亚各项政策会做出相应调整，对华政策也可能出现新变化，而其中的关键在于马来西亚内政的变化。

三、中国现代国际关系研究院研究员宿景祥：《马来西亚在欧亚体系中的地位》，从国际体系视角对马来西亚现状及未来进行分析。

他认为，当今世界最大的一个趋势是正在形成新的欧亚体系，即欧洲和亚洲的联合，而东盟地区在其中是一个边缘力量，受关注度较低，但马来西亚无论从历史还是现实看，它在东盟区域中是处于中心地位的，从其国家发展和目标看，它也有资格争取中心地位。因此对于中国或美国来说，如果要“赢得”马来西亚，都应该努力满足其在东盟地区保持中心地位的需求。

新的欧亚体系形成的动力不仅包括国际关系因素，还有一些超越国家和民族政策不以人的意志为转移的因素。从动态看，冷战结束后苏联解体，整个中亚地区向世界开放，美国在该地区努力“深耕”，中国也在制定相应的区域政策，曾经被阻断的欧亚大陆再次有了联结的可能。关于欧亚大陆圈的历史统一性问题，从考古界到历史界，古今中外研究成果非常多，大陆圈的形成过程也比较清晰。西方人进入之前的欧亚圈分布大概情况如下：以地中海为中心，向南首先是红海圈，即阿拉伯半岛和东非部分的圈；红海圈之后是波斯湾圈，包括印度西海岸一直到伊朗的波斯湾，所以从历史学看，什叶派和逊尼派的斗争也是波斯湾圈和红海圈之间的斗争。在上述两个圈之外是南海圈，从马六甲一直到孟加拉湾。以地中海为中心向北首先是黑海圈，之后是里海圈。现代西方学者认为欧亚主要是指内陆，也有用“内亚”的概念，但都不准确合适。从历史上看，欧亚圈应当是从中国、东南亚、朝鲜这个方向一直到巴尔干，再到黑海的领域。今天来看，欧亚体系处于重新恢复的新阶段，东南亚的重要性就在于它是起点，地区较富裕，人口多且相对发达，而马来西亚除了地理因素上的优势，其在历史上相对开放，始终能够在地区关系中发挥调节作用，它和朝鲜关系较好就是例证。

宿景祥表示，之所以说马来西亚是处于边缘地区的中心国家，是因为从整体上看，东南亚地区在目前的欧亚体系中处于边缘，但整个东盟的发展框架相对稳定，在未来欧亚体系重新恢复的过程中，政治安定、经济较发达将是马来西亚成为新核心的最大优势。此外，马来西亚与欧亚体系还有一个历史性的共同点，即君权的神圣，它本质上是君主型国家，还是伊斯兰国家，这也是其优势所在。

四、中国现代国际关系研究院助理研究员陈庆鸿：《马哈蒂尔的亚洲观及其与东盟的关系》，在马哈蒂尔领导下，马来西亚与东盟的关系会推进其自身角色的上升，同时东盟共同体建设的步伐也会进一步加快。

陈庆鸿表示，90 多岁的马哈蒂尔重返政坛成为国家首脑，这在世界范围内是一个政治奇迹。此外，相较世界其他动荡地区，50 年来东盟的发展不仅在政治上取得了很大进步，其安全上的稳定也带动了区域经济的快速发展。与欧盟的实践相比，东盟共同体的奇迹有其独特的地方。在西方文献中，对于“共同体”的形容主要是指欧盟模式，即以法制化的形式为主。然而，东盟共同体建设在合作方面是缺乏法制化的，主要是因为东盟各国更加强调国家主权，即在合作过程中极力避免甚至禁止各国对他国主权的侵犯。东盟这种合作方式可以称为合作体，而欧洲更多的是强调一体化甚至追求融合体。

博弈论中对地区合作有一个“猎鹿模型”分析，即多个猎人共同围猎一只鹿，但受个体利益的影响，某些成员在这个过程中会转而选择去猎兔，导致集体原有的猎鹿目标无法达成。这一模型会产生三种表现，一是各国都会在个体利益和集体利益、民族主义和地区主义间来回摇摆，即在猎鹿还是猎兔的选择上计算收益差，如果每个国家都追求短期且较小的个体利益，地区长期的共同利益就会受损。二是每个国家都对其利益进行短期和长期的盘算，进而导致各国会考虑何时参与到地区合作中从而能实现本国利益最大化，由此也引出第三种表现，即外部的干扰因素与内部集体自觉性两种动机相互交织。

这一模型与东盟地区的合作具有一定的相似性。对东盟国家来说，他们最关注的是主权国家的独立性与地区的自主性，但各国在追求二者的过程中，被很多周边诱惑所左右，这些诱惑对他们来说很重要，主要是因为在过去几年中各国感觉到在政治上被边缘化，被边缘化有可能导致地区整体被分裂，从而被大国主导。经济上也是如此，如果不进行地区经济融合，原有的市场会被分割，在经济上也只能依附于大国。比如在南海问题上，东盟过去几年的发言权越来越低，从一个侧面可以看出东盟在此问题上出现了意见分歧，经济上马来西亚、新加坡和文莱成为美国主导的“跨太平洋伙伴关系”（TPP）成员，但同时不少国家也积极响应“一带一路”倡议，尽管东盟经济共同体已于2015年建成，但并没有达到预期目标。在此背景下，马哈蒂尔于20世纪90年代倡导“亚洲价值观”，在实践中提出建立“东亚经济集团”（EAEC）的倡议，在推动亚洲地区主义至上的过程中扮演着积极角色，同时他也提出支持本国工业化发展，甚至推动建立国产汽车业。可以看出，出于维护自身利益的需要，马哈蒂尔一直在民族主义者和地区主义者之间迂回。

陈庆鸿认为，未来马哈蒂尔会更加注重马来西亚本国利益与东盟地区合作收益的衡量，从过去更多与地域外大国合作转向更加注重东盟地区内合作。过去几年，东盟共同体建设出现了在南海问题和经济方面立场不一致等问题，其主要原因在于缺乏一个领导核心，印尼放弃了东盟的领导地位，更多地追求成为全球海洋的轴心，重视在 G20 框架下开展国际活动。马哈蒂尔的重返将有助于东盟找到一个较为坚强的领导核心，从而进一步推动东盟共同体建设。未来，在马哈蒂尔领导下，东盟作为东南亚地区合作的基础将更加凸显，东盟共同体建设步伐将进一步加快，马来西亚在东盟内部的角色也会由此得到提升。与此同时，东盟会更加强调自己的核心地位，其与域外大国的博弈也将迈向更均衡的模式，东盟各国依附于某个大国的现象也会式微。

五、中国社会科学院亚太与全球战略研究院副研究员周方冶：《马来西亚的政治多极化发展及其影响》。

他认为，对一个国家的政治发展和政治变革的研究需要从利益集团和权力结构的角度切入。总体上看，马来西亚的政治结构呈现出多极化的特点，其政治维度是不断增加的。在马来西亚建国后很长一段时期中，马来人群体可以说是其政治维度中的唯一群体，随着时间的推移，宗教维度的加入丰富了马来西亚的政治结构。到了 1998 年，社会阶层又成为族裔、宗教之后新的政治维度。政治维度的增加会形成新的利益团体，从而产生新的政治诉求与政治行为模式。中产阶级维度的加入导致马来西亚出现了“政治海啸”，而在马哈蒂尔下台后，一个新的政治维度即新生代与元老派又加入政治格局中，双方互动产生的影响力日益显性化。可以说，马来西亚 61 年来发生的大变局，很大程度上是不同利益团体间博弈斗争的结果。

目前，马来西亚国内辨识度较高的利益团体有以下几个。第一是大家所说的“巫统”，但实际上它应该被称为马来人官僚资本集团，是马来人用来掌握政治资源，并将这些资源转化为经济资源的政商团体；第二是“左翼城市华人”，大体上指的是民主行动党，他们是改革派，要对既有的格局进行变革，这里称他们为左翼并不是说他们是社会主义；第三是“伊斯兰保守势力集团”，主要指的是伊斯兰教党；第四是马来人中产阶级，主要指人民公正党，但现在人民公正党仍在拓展其代表性，对它的定义未来可能还会有变化；第五是马来人的中下层，或者说是马来人农民，一直以来他们隶属于马来人官僚资本集团（巫统）。值得注意的是，现在巫统倒了，但并不代表马来人官僚资本集团的瓦解。在过去60多年中，马来人官僚资本集团掌控着马来西亚国有资产，是行政体系中的主导力量，特别是目前马哈蒂尔是该集团的首领，现在要做的是重新整合该集团的政治影响力，将主导权从之前的新生代手中转到他手中，因此包括设置元老理事会、将五大关联机构资金重新掌握在手都是实现这一目标的相应举措。而“一马公司”之所以被查，一个因素是它是新生代马来人官僚资本集团的“小金库”。未来，作为马来人中产阶级利益集团代表的安瓦尔如果要接任，就必须赢得马来人官僚资本集团的认可，但他作为曾经的“背叛者”，如何能够做到这一点引人关注。

对于中马关系，周方冶认为，一直以来，中国面对的都是马来人官僚资本集团，但现在马来西亚正经历政治多极化的过程，在未来的合作中，上述利益集团中哪些人能够成为沟通协调的对象，如何跟他们进行协调，从而为中马关系发展提供支点是一个重要问题。

六、中央民族大学世界民族学人类学研究中心副教授龚浩群：《如何从马来西亚人的角度理解马来西亚的政治变局》，引述马来西亚著名人类学家舍木苏教授的观点，从人类学角度对马来西亚族群与政治进行分析。

据她介绍，舍木苏教授（Dr. Shamsul Amri Baharuddin）自1973年以来，针对马来西亚“经济发展、文化和政策”主题进行了广泛而深入的调查研究。此后，他还就民族认同问题、伊斯兰教复兴运动和马来西亚族群与饮食文化等主题进行了深入的探讨。

第一，舍木苏教授指出，族群并非天然存在的，而是在英国殖民统治的过程中被人为地建构出来，这就意味着族群的边界是人为设定的，是各种政治、经济与社会力量相互推动的结果。具体而言，马来西亚的族群设置体现了英国殖民者“分而治之”的策略。以华人为例，当时的中国移民并没有“华人”的概念，英国殖民者为了统治需要，根据方言将人群划分为“福建人”、“客家人”、“海南人”等不同群体，并将他们统称为“华人”。为了达到分而治之的效果，英国统治者设立了基于母语的教育体系，华人去华校学习，印度人去印度学校学习，进一步强化了族群的边界。因此今天谈论马来西亚族群政治的时候，需要了解其历史根源，并在后殖民的语境中对族群这一范畴进行去本质化的理解。

第二，舍木苏教授指出了社会流动性对于族群构成和族群边界的影响。20 世纪 70 年代以来，随着马来西亚工业化和城市化的进程，人们不断从农村涌入城市。伴随着社会流动产生了社会空间的急剧变迁，各个族群内部产生了分化，同时也产生了新的族际联系。在认识现代化进程对于族群政治影响的问题时，要破除关于马来西亚三大族群的刻板印象，看到族群内部的异质性和复杂性。比如马来西亚穆斯林有很多种，有温和派穆斯林，也有激进派穆斯林；激进派穆斯林中既有强化伊斯兰认同的派别，也有强化马来人认同的派别。阶层及阶层关系也成为跨族群的重要政治变量。要在社会变迁的背景中看到多元化社会力量之间的博弈，就需要具体问题具体分析，而不是把族群简单地政治化和标签化。

第三，舍木苏教授提出了两种社会现实以及与之对应的两种研究路径。一种是由官方或权威专家定义的社会现实，主要体现为政府文件和社会精英的系统表述，另一种是由人们日常生活定义的社会现实，表现为个体化的、碎片化的生活体验。二者相互影响但并不完全对应。目前人们对于官方定义的社会现实比较熟悉，而对日常生活的部分缺乏理解，也就难以看到政策的实施效果，以及政策在运行过程中出现的具体问题及长期影响。

第四，舍木苏教授主张用平衡代替平等，用社会凝聚力代替民族统一性（nation unity）。他认为在马来西亚提倡民族统一性是不现实的，这不仅忽视了族群文化的多样性以及族群形成的历史过程，也可能因为强调统一性而激发族群矛盾。他个人认为有必要通过政策来协调不同族群的利益，或者说为不同族群之间的和平协商提供制度性平台。对于马来西亚的族群文化多样性，舍木苏认为“多样性”已无法完全体现当代马来西亚的社会特点，他提出了“超级多样性”（super-diversity）的概念，这一概念提醒研究者在今后的研究中要正视马来西亚社会构成的复杂性，并以此作为理解马来西亚未来发展趋势的出发点。

七、北京外国语大学讲师傅聪聪：《当前马来西亚政治格局与权力结构》，结合个人观察对马来西亚的政局变化进行分析。

他表达了六个观点。第一，马来西亚政治有三个敏感数字：2、22 和 24。“2”是指马哈蒂尔称他两年后交权，但问题在于他是否会兑现承诺；“22”是指马哈蒂尔执政了 22 年，其间形成了马来西亚较为“顽固”的政治格局和权力结构，马哈蒂尔认为该体系很难发生改变；“24”是指马来西亚希望联盟政府在执政 5 年后，即在 2024 年再进行大选时可能还会再有变化。以此次大选为主，马来西亚目前的政治发展动因实际上可以和“5 · 13”事件以及“烈火莫熄”（Reformasi，改革）运动结合在一起，因为两者都改变了马来西亚政治的发展走向。“5 · 13”事件导致种族冲突后，马来西亚政府在经济政策及社会政策方面进行了调整，政治上由原来的联盟党形成了一个更大的联盟即国民阵线。“烈火莫熄”运动后，两线制政治逐步在马来西亚形成。

目前马来西亚的政治格局有两点不变和两点改变。首先不变的是马来西亚政治仍以精英为主导，其次不变的是马来西亚仍是一个由政党所结成的利益共同体。在两点改变中，第一点改变的是马来西亚的民主发展通过大选从原来的威权式民主走向更自由的民主，即走向民主巩固的阶段，第二点改变在于马来西亚的多元族群社会走向了多样性社会。在马来西亚权力结构中，最高元首是政治象征，他对政治有一些影响，但影响力不大。最高元首在得知希望联盟胜利后，他也考虑该怎样宣布选举结果。虽然最终他还是遵从了国家宪政原则并宣布希望联盟获胜，但结果没有被立即宣布，也体现了他曾进行过思考的过程。

第二，马来西亚目前的内阁结构与此前相比呈不均衡状态。截至2018 年 8 月 19 日，马来西亚的国会议席变化及部长职位分配中，议席占比最大的政党是安瓦尔领导的人民公正党，为 44.8%，第二大政党是拥有 49 个议席的巫统。在执政党希望联盟中，民主行动党（DAP）拥有 42 个议席，占比为 36.2%，马哈蒂尔领导的土著团结党（PPBM）拥有 12 个议席，占比为 10.3%，最小的党派是从原有的伊斯兰教党中分裂出来的国家诚信党（Amanah），拥有 10 个议席，占比 8.6%。然而，部长职位的分配却没有按照议席的比例划分。马哈蒂尔对部长的分配进行了再平衡，即人民公正党被分配了 7 个职位，民主行动党 6 个职位，土著团结党 6 个职位，诚信党 5 个职位，剩下的职位则分给了位于沙巴州内的复兴党，各党比例分别是 25%、21.4%、21.4%以及 17.9%。这种分配比例与国民阵线领导时期完全不同。马哈蒂尔平衡各政党的部长职位，实际上是为了削弱各政党的利益，由此一来希盟在很多政策上可能无法达成共识，形成四个政党“1 +1 +1 +1 <4”的局面。

第三，议会中任意两个稍占多数议席的政党在相加后所形成的优势，足以在立法方面阻碍其他政党通过法案，并非铁板一块的希盟则可能会在某些政策上采取不一致的步调，在立法方面产生诸多变数。

第四，从政党联盟看，目前形成的两大阵营实际上在 1987 年时就已初现端倪。1987 年至 1999 年，首次出现对抗国民阵线的结盟政党人民阵线。1999 年由替代阵线对垒国民阵线，2008 年反对党掀起"反风"后组建了人民联盟。2013 年，人民联盟所获得的 89 个议席是反对党联盟有史以来获得议席最多的一次。随后人民联盟于 2015 年解体并于同年成立了希望联盟。2018 年，希望联盟击败了国民阵线。未来，政党联盟将是马来西亚政党政治发展的重要趋势。

第五，在联邦政府和州政府关系方面，马来西亚各州宪法拥有很大的地方自治权，州内的苏丹是州最高权力的象征。此前，作为执政党的国民阵线拥有各州资源的分配使用权，各州政府在政策方面则要配合联邦政府，否则其发展会受到影响。然而，现在无论东马还是西马，每个州都有属于自己的州执政党。比如，巫统控制了彭亨州和玻璃市州，伊斯兰教党控制了位于东海岸的吉兰丹州和登嘉楼州，民主行动党的大本营位于槟城，而人民公正党则控制了雪兰莪州，柔佛州则主要归于土著团结党，由不同政党领导的各州政府取代了原有的"泛蓝"（国民阵线），呈现出五颜六色的状态。

第六，有关政治人物。目前马来西亚最具影响力的政治人物是马哈蒂尔和安瓦尔。前者最大的问题是年龄，后者目前在马来西亚英文媒体圈已被称为"Malaysian Prime Minister in waiting"，类似候任总理的意思。对于安瓦尔来说，他现在面临的最大问题在于政党内部斗争日趋激烈，人民公正党党选中的两位候选人分别为原来的雪兰莪州州务大臣，现担任马来西亚经济事务部长的阿兹敏和人民公正党副主席拉菲兹，他俩分别拥有支持者和团队。此外，安瓦尔还需解决党选中出现的贿选问题。

对于马来西亚的政治走向，傅聪聪做出两点判断。他认为，目前马来西亚国内外学者将马来西亚政治称为"Malaysia Incorporate"，即"马来西亚国家集团"，由此前巫统所领导的马来人官僚资本集团形成。此次大选结果主要源于马来西亚人口结构发生了变化，尤其是选民结构发生了变化，但同时马来西亚自身的社会结构依旧没变。族群分裂是此次大选中最明显的现象，但分裂并没有发生在马来人、华人和印度人之间，而是在马来人内部，体现在人民公正党内的变化，而造成分裂的因素与阶层划分导致利益诉求变化有关。未来，马来西亚政治将走上所谓的政党联盟路线，即各党在分裂中不断组成新的联盟以争夺政权。

八、北京大学中国社会科学调查中心副研究员孔涛：《马来西亚应对“中等收入陷阱”的挑战》，对马来西亚经济发展的现状进行分析。

“中等收入陷阱”是世界银行提出的概念，指的是很多国家从低收入跨越至中等收入阶段后，无法再凭借廉价劳动力优势提升其国民收入，同时又要面对高速增长国家的竞争，处于长期经济增长缓慢的状态。马来西亚从20世纪60年代初人均GDP为300美元增长到800美元后一直处于“中等收入陷阱”，无法进入高收入阶段。为此，马来西亚政府一直努力通过激发经济动力摆脱这个陷阱。

从经济结构看，马来西亚经济主要以制造业和服务业为主。从其发展战略看，过去几十年马来西亚成功地从传统经济转向现代经济，主要体现在制造业的转型能够吸收就业，创造更多价值，其服务业相对而言还有很大的提升空间，比如在通信、计算机信息、金融服务等方面有望实现更好的转型。

2017年马来西亚经济增长整体向好，从央行发布的数据看，全年增长平均达到5.9%，其中第三季度还超过了6%，为2014年以来最高。与成熟的经济体如新加坡、泰国相比，马来西亚经济整体表现良好，多个领域的表现可圈可点。首先是贸易，2017年马来西亚国际收支处于顺差，对于就业和私人部门的收入都产生了积极影响，出口中最大的部分是电子产品，这一定程度上源于全球市场需求的回暖，同时进口中最大的部分也是电子产品，且以中间产品为主，这也反映出马来西亚制造业的增值特性，能够通过再加工环节获得更高的附加值，从而在产业链和价值链中扮演价值提升的角色。特别值得一提的是，2017 年私人投资部分有比较高的增长，主要源于全球强劲的需求动力，同时大宗商品价格的复苏也推动其经济发展。从负债情况看，目前马来西亚外债占 GDP 的比重超过 60%，处于较高水平，主要来源是公共部门负债，因此需要增加抵御风险的能力，减轻负债，这也有可能成为未来很多大型基础设施项目能否上马的主要考虑因素。2017 年，马来西亚资本市场的资本回报率呈上升趋势，其货币林吉特的汇率优势吸引了很多海外投资进入债券和证券市场。一方面是由于外界对马来西亚增长的正向预期推动了市场信心，另一方面则是美元相对低迷。从劳动力市场看，马来西亚的就业率较高，其劳动力参与程度也相对稳定，此外马来西亚的劳动力资源非常丰富，且与其他东南亚国家相比受教育程度较高，因此未来无论是制造业还是服务业的转型升级，其劳动力优势巨大。从私人消费增长看，马来西亚私人消费非常强劲，消费与收入处于正向循环阶段。

尽管总体上较为乐观，但马来西亚经济也面临一些中长期的挑战，有可能会抑制其未来实现更高的增长。比如人力资本的不足，这里主要是指技能的需求和技能的提供之间不匹配，这种“技能危机”将制约制造业转型升级及服务业的现代化。另外，跨种族或跨城乡区域的收入分配不平等，都无法在全国范围对需求形成更有效的刺激作用，这种不平等也会体现在社会的流动性体系，导致生产率无法有效提升，而如果只靠单纯的要素投入，则无法实现经济增长的可持续性。

九、太和智库研究员释慧固：《马来西亚“变天”后在马投资的中企应该注意的几件事》。

他认为，纳吉布政府时期，马来西亚政策导向是较为亲中的。而对于务实的马哈蒂尔来说，更不会忽视中国的经济实力。马来西亚“变天”后，不少学者持乐观看法，特别是当林冠英进入内阁后，他们认为马方重用了华人，是对中国释放信号。但这可能是错误的。在马来西亚人的语境下，排华和反中是不一样的，排华属于内政范畴，是为了赢得大量的马来人选票，而反中则是国与国之间的外交问题。近几年马来西亚经济增长率虽较高，但利益被外资赚走，同时外债高筑，民众开始抱怨物价上涨、工资低。因此，马来西亚民众关注的是温饱问题，而不是政治问题，不应过度用政治视角看待这一现象。在亲中还是亲美的问题上，他认为马哈蒂尔不会过度仰赖于两者。在中美之间，马来西亚将会更多地注入政策性元素。对于中国"一带一路"倡议，他认为应在充分了解他国民情和生活模式的情况下，推动"一带一路"建设。以出行为例，中国幅员辽阔，节省时间、快速抵达是最重要的需求，但马来西亚人并非如此，他们更注重欣赏沿途的风景，并不会在时间上有紧迫感。马哈蒂尔曾表示马来西亚这样一个小地方无需高铁，除了不用赶时间，其国内能与吉隆坡发展实力相当的城市也屈指可数，这些城市有限的人口能否平衡运营成本是很大的问题。由此看来，高铁项目因成本问题而多次进行谈判也在情理之中。对于中马合作，释慧固建议，可以在马来西亚极度贫困的地区建立社会福利站，为贫困学校的孩子提供营养早餐及奖助学金，这可以赢得很多马来西亚人的认同。在与马来西亚打交道的时候，如何赢得马来同胞的认同，是中方值得深思的问题。

十、北京大学国际关系学院博士研究生孔金磊：《对马来西亚新政府元老理事会的分析》。

据介绍，2018 年大选结果公布后，马哈蒂尔宣布成立元老理事会为政府提供经济方面的咨询，助力马来西亚发展。当时他承诺，一旦政府顺利落实百日新政，元老理事会也会随之解散。该团队由 5 人组成，分别是达因、洁蒂、郭鹤年、佐摩和哈山，团长由前财长达因担任。这个团队的最大特点是"老"，一是平均年龄超过 70 岁，二是经验老到，他们在财政、金融、石油、产业发展等方面有着丰富经验。马哈蒂尔执政后，元老理事会的职责包括就国家经济与金融课题向希盟政府提供建议，重新审查与外国缔结的经济合同等。开展工作以来，元老理事会彻查了“一马公司”案，建议检讨六大关联投资公司政治委任，废除了商品和消费税（GST），审查了中资合作项目。

孔金磊认为，设立元老理事会出于国内外两个层面的考虑。国内因素可以概括为新政府本身实力弱，前政府留下的疑难杂症多，团队成员较强的专业性和管理经验，以及马哈蒂尔重视经济发展四个方面。国外因素主要涉及对华考虑，团队中的郭鹤年被视为新政府对华关系的润滑剂，启用他有利于使目前稍显紧张的中马关系得以缓和。从人选上看，5 个人均在经济方面具有很强的专业背景，同时与马哈蒂尔私交密切，此外也有观点认为，元老理事会有助于希盟政府将自己的政策主张合法化。

在百日执政结束后，马哈蒂尔并未如约解散元老理事会，对此他称仍有很多重大问题没有解决。尽管违背了承诺，但民调显示 2/3 的马来西亚民众对新政府持正面评价。不过，马来西亚国内对于元老理事会也有争议，首先是认为成员均出身上层社会，不懂民间疾苦，无法解决马来西亚面临的国债问题；其次是该团队没有民意基础，且没有监督机制；最后是设立顾问团没有经过议会同意，团队地位处于权力灰色地带，历史上也没有过这样一个组织。综上来看，元老理事会未来的发展如何，将给新政府执政带来怎样的影响，都需要对其持续观察和研究。

十一、北京大学国际关系学院马来西亚籍硕士研究生邓世轩：《种族范式如何影响马来西亚政治与政策施行》，探讨了种族范式的形成时间及其影响。

他认为，种族范式是马来西亚内部马来人、华人和印度人三者构成的僵硬结构，几乎存在于社会的每个角落。范式往往会被简单地视为理所当然，但实际上它是由英国殖民者依据原有群体的差异建构而成，进而被广泛地应用在政治经济生活中。“马来人”的建构是伴随着马来民族主义运动的兴起，统治者“屈从于马来至上主义的诉求”；华人则是从原有的“地域认同”转化为“华人认同”，进而因为20世纪“辛亥革命”“五四运动”和抗日战争等事件被建构起来；“印度人”在马来西亚也经历了复杂且漫长的建构过程。对于种族范式深化的原因，他认为，一是固有的族群分居现象，二是经济上马来人与非马来人的不平等加深了固有印象，三是马来人通过马来人特权保障自身利益使得政治上强化了这一范式。政治方面“种族范式”主要体现在：国家安全观——包含着种族范式的安全考量始终是政策基础，马来人的安全往往被等同于马来西亚的安全，马来人的不安全感往往会被转化为压迫性和庇护性的政策和策略，以促进马来族群的权益；国家文化——由马来文化主导；新经济政策——重视各族收入与财富分配甚于消除贫穷的目标，“公平就是每个族群拥有同等数量的有钱人”；教育——采取按种族录取的“固打制”（Quota System）；政府施政目标——经济上要解决马来人与其他族群不平等问题，政治上要为马来民族拓展生存空间；文化上希望将马来文化塑造为国家的主流文化，并将非马来族融入马来族的文化体系中。

邓世轩表示，历史上也曾存在过不同的范式，比如马六甲王朝、马来土邦时期的政体状况就是苏丹国君权政体的形式，以统治者为中心。种族范式是英殖民时期开始推行种族概念，之后的民族主义时期继承了这一套论述，而在20世纪40年代末曾兴起试图超越种族范式的“人民范式”、“人民主权”，推出了《人民宪法》草案，但最终不为英殖民政府采纳，也得不到马来人的支持。纳吉布曾强调“一个马来西亚”，实际上是有意建构新的国族观，褪去长期以来主导社会的种族范式。虽然安瓦尔在2008年曾强调要以“人民主权”取代“马来人特权”，但国阵长期执政使得种族范式已深入人心，大多数马来西亚人似乎仍能够相对自在地以种族的角度来思考问题，加上近年来要稳固马来选票与巫统及伊斯兰教党竞争，人民公正党也很少强调“人民主权”，所以“马来主权”要被纠正并非易事。他认为，新政府是否会褪去种族范式，颁布新政，值得观察。但无论新政实施与否，以种族作为视角解读现状仍然是近期不会改变的现象。

十二、北京大学国际关系学院硕士研究生何宜贤：《东海岸铁路计划（ECRL）与中马铁路基建合作新思考》。

据介绍，东海岸铁路项目是一条由纳吉布政府推动的联通马来半岛西海岸和东海岸的中马合作铁路项目，2018 年 5 月马哈蒂尔执政后，基于无预算和成本高昂的理由取消了该项目的实施。何宜贤认为，作为中资在马投资受阻的案例，相关经验对于今后中国在马基建投资有重要意义，特别是对于铁路项目来说，中方应考虑以下几点。

一是要重视马来西亚的历史价值。马来西亚铁路的发展最早可以追溯至 19 世纪末，之后由于运输天然矿产资源的需要，英殖民政府通过修建铁路将整个马来半岛连接起来。马来西亚的铁路所发挥的作用一直都是以运输货物为主、载客为辅，因此建议中资可以通过技术合作提升原有载货火车的品质，缩短运输时间，加大运输能力，提升运输效率。二是目前在马来西亚很多地方，尽管相较公路及航空，铁路逐渐失去了交通优势，但其较强的货物承载力和数量仍然是运输优势，因此建议可以在原有线路基础上增加具有高经济附加值的线路，同时消除补充相关不发达地区的交通“盲点”，以交通促发展。三是由于公共交通及其系统管理机制尚不完善，马来西亚人出行基本上靠私家车，也由此形成了一定的出行文化，但由此也产生了较高的安全隐患，铁路出行具有安全风险低的特点，因此可以通过合理建设规划引导人们改变出行习惯。比如可以从吉隆坡巴生谷原有的轻轨和电动火车系统入手，提供更加优惠的价格和频密的车次，服务于吉隆坡中心和其边缘郊区的民众，逐渐产生对铁路的依赖，对于其他城市，可以从其市中心的公交系统着手，通过相关项目合作为人们出行提供新的选择。

会议总结

北京大学区域与国别研究院副院长、国际关系学院教授翟崑在会议总结时表示，基于研究院的性质，博雅工作坊更加重视从一个热点问题切入，对其进行更深层次的，涵盖历史性、经济性、社会性、文化性的基础性分析，并在此基础上向前一步，为政策决策提供参考。从全天讨论的话题设计和各种观点结论来看，收获确实很大。比如骆永昆对马来西亚变局的探析，他认为基本政治格局并没有变，影响中马关系的决定性变量是马来西亚的内政，认识这一点对中国是有帮助的。许利平认为马来西亚民族性中存在“免费文化”，这也有助于中国理解马哈蒂尔的想法和行为。宿景祥认为马来西亚是欧亚体系边缘的核心，它有自己的追求和战略利益，因此无论中国或美国，都要满足它的战略利益，才能在战略层面与其更好地沟通。现在来看，中国似乎并没有能够捕捉到马哈蒂尔真正想要什么。马哈蒂尔要变换一种跟中国打交道的方式，这种方式包括从战略到经济方面的合作模式。傅聪聪对马来西亚政治格局和权力结构做了分析，也得出了一些较好的结论，这种分析实际上有利于我们对未来马来西亚政局做动态分析，即根据不同力量间的动态变化进行分析，从而确定不同的分析维度，这对于相关政策评估工作也有推动作用。

附　录

Appendix

B.11
马来西亚大事记（2017年1月～2018年12月）

骆永昆　廖博闻*

2017年

1月10日　应中国公安部部长郭声琨的邀请，马来西亚副总理扎希德抵达中国，展开为期6天的工作访问。

1月16日　总理纳吉布赴吉打展开为期两天的官访，与巫统吉打州联委会领袖举行闭门会谈。

1月19日　交通部长廖中莱出席马来西亚—法国高铁研讨会开

* 骆永昆，博士，中国现代国际关系研究院副研究员；廖博闻，北京外国语大学马来西亚语专业学生。

幕仪式，表示马航 MH370 客机搜寻行动暂时停止，直到发现新证据。

1 月 22 日 副总理扎希德恭贺彭斯出任美国副总统。

1 月 23 日 国防部长希山慕丁出席 2017 年富丽敦论坛发表主题演讲，呼吁各国勿要抱着争胜负的观念来解决南海主权争端。同日，交通部长廖中莱发文表示，马航 MH370 客机搜寻行动暂停。

1 月 27 日 副总理扎希德会见美国新任驻马来西亚大使拉克迪，谈及贩运人口、马来西亚加入美国免签证计划进展、全球与区域安全威胁及移民等议题。

1 月 31 日 副总理扎希德访问文莱，会见文莱苏丹博尔基亚。

2 月 1 日 美国驻马来西亚大使馆表示马来西亚民众不受美国实施的暂时入境禁令的影响。

2 月 5 日 副总理扎希德访问卡塔尔。

2 月 26 日 沙特阿拉伯萨勒曼国王受马来西亚国家元首苏丹穆罕默德五世的邀请，赴马展开为期 4 天的访问。

3 月 14 日 前总理兼土著团结党主席马哈蒂尔决定与希望联盟组成更大联盟，迎战来届全国大选。

3 月 15 日 中国驻马来西亚使馆“2017 中马深化务实合作年”重点项目巡视进入第六站，驻马来西亚大使黄惠康赴彭亨州马中关丹产业园及关丹港考察调研。

3 月 19 日 国防部长希山慕丁表示马来西亚与卡塔尔同意成立国防高级委员会，将两国的国防关系提升至战略层面。

3 月 20 日 希望联盟正式接受土著团结党加入。

3 月 22 日 纳吉布和中国阿里巴巴集团总裁马云签署 4 项合作谅解备忘录，其中包括马来西亚数字经济机构和阿里巴巴集团就发展“数字自贸区”的合作。

3 月 22 日 马来西亚政府和阿里巴巴集团合作打造的马来西亚首个数字自由贸易区正式启动。

3月27日 法国总统奥朗德赴马来西亚展开为期两天的官方访问。

3月30日 纳吉布抵达印度展开为期5天的正式访问。

4月2日 马来西亚与印度发表联合声明，以纪念两国建交60周年。两国领导人同意，为进一步扩大双边关系及加强两国的战略伙伴关系，定期召开两国首脑会议。

4月8~11日 应马来西亚自然资源与环境部邀请，中国水利部部长陈雷率团访马，并于10日代表中国政府与马方签署《马来西亚政府与中华人民共和国政府水资源领域谅解备忘录》。

4月13日 日本皇太子德仁抵达马来西亚展开为期5天的正式访问。

4月19日 土著团结党最高理事卡玛鲁扎曼宣布退党。

4月24日 苏丹莫哈末五世就任第15任最高元首。

4月28日 纳吉布表示东盟10国必须将区域关税降低至零，同时消除非关税堡垒，以尽快实现区域内无缝经济的目标。

4月30日 巴林国王哈玛依沙·阿嘉里法应马来西亚最高元首穆罕默德五世邀请，赴马进行为期5天的访问。

5月4日 希望联盟确定由前总理马哈蒂尔出任顾问、人民公正党主席兼国会反对党领袖万·阿齐扎担任希望联盟主席。

5月8日 纳吉布祝贺马克龙当选法国总统。

5月9日 老挝总理通伦·西苏里赴马来西亚展开为期2天的官方访问。同日，马来西亚驻梵蒂冈大使馆正式启用。

5月12日 纳吉布抵达杭州访问阿里巴巴总部，见证马来西亚数字经济机构与阿里巴巴集团及杭州市政府签署谅解备忘录，以推动数字自由自贸区建设。此后，纳吉布抵达北京，出席“一带一路”国际合作高峰论坛。

5月12日 由“长春”舰、“荆州”舰及“巢湖”舰组成的中国海军舰艇编队对马来西亚槟城进行友好访问，受到社会各界人士热烈欢迎。

5月13日 国家主席习近平在人民大会堂会见来华出席“一带一路”国际合作高峰论坛的马来西亚总理纳吉布。两国签署《关于通过中方“丝绸之路经济带”和“21世纪海上丝绸之路”倡议推动双方经济发展的谅解备忘录》。

5月14日 在“一带一路”国际合作高峰论坛高级别会议“促进资金融通”平行主题会议期间，中国进出口银行董事长胡晓炼和马来西亚进出口银行行长穆罕默德签署授信额度框架协议。

5月27日 国防部长希山慕丁表示，马来西亚武装部队将与泰国、菲律宾和印尼的军方密切合作，同时全面加强边境防卫。

5月30日~6月2日 中国国务委员郭声琨赴马主持中马第三次打击跨国犯罪合作联合工作组会议并访问马来西亚。

6月1日 前总理马哈蒂尔表示不可能再任总理，但愿意提供有用的资讯给国家领导人及政府。

6月3日 国防部长希山慕丁表示，为防范“伊斯兰国”极端分子的威胁，马来西亚从6月19日起与菲律宾及印尼共同巡逻棉兰老岛四周水域。

6月7日 前总理马哈蒂尔表示，若希望联盟没有总理人选，他愿意暂任总理。

6月14日 驻马来西亚大使黄惠康应邀与纳吉布总理共同出席在马来西亚财政部举行的东海岸铁路（ECRL）技术培训项目启动及相关合作协议签署仪式。

6月16日 美国司法部再度调查“一个马来西亚有限公司”（1MDB），指该公司高级官员在2009~2015年，不当挪用45亿美元。纳吉布新闻秘书沙里夫丁抨击，美司法部未寻求与马来西亚政府或涉及公司合作，其动机超出了充公资产的目的。

6月23日 中国吉利控股集团与马来西亚DRB-HICOM集团在吉隆坡正式签署收购协议，按照协议吉利将收购DRB集团旗下宝腾汽车49.9%的股份以及豪华跑车品牌路特斯51%的股份。

7月9日 民主行动党国会领袖林吉祥表示愿与前总理马哈蒂尔合作。

7月14日 希望联盟确定新的领导层名单，安瓦尔担任实权领袖，马哈蒂尔为会长，万·阿齐扎则担任主席。

7月16日 纳吉布表示，马来西亚强烈谴责以色列关闭阿克萨清真寺的行为。

7月28日 社团注册局认定希望联盟的标志不合规格，要求他们重修标志。

7月31日 《红楼梦》马来文版在马来西亚出版发行，经过30多年的努力，中国四大古典文学名著全部译成马来文并出版发行。

8月8日 美国国务卿蒂勒森抵达马来西亚进行为期两天的工作访问。

中国外交部部长王毅会见马来西亚外长阿尼法。

8月9日 纳吉布参加东海岸铁路开工典礼。由中国公司承建的马来西亚东海岸铁路项目正式开工。国务委员王勇赴马出席开工仪式。

8月17日 纳吉布在槟城推介“北马经济走廊特区”《2016~2025年发展规划蓝图2.0》，同时宣布惠及北马4州的7项发展计划。

9月8日 马来西亚派出“罗兴亚人道援助团”，为在孟加拉国和缅甸边界的罗兴亚难民提供必需品和紧急援助。

9月11日 适逢马来西亚与美国建交60周年，纳吉布抵达美国展开为期3天的官访。

9月15日 纳吉布前往英国访问，与英国首相特雷莎·梅会面。

9月18日 马来西亚中华总商会和中国中华全国工商业联合会

正式签署“一带一路”合作备忘录，加强两国民营商家和企业合作，共同开发两国新商机，共享双边经济发展。

9月25日 副总理扎希德抵达中国进行为期3天的工作访问，并出席第86届国际刑警组织代表大会。

10月4日 马来西亚内阁批准阿里巴巴集团在吉隆坡建立跨境电子贸易平台。

10月6日 纳吉布赴文莱出席文莱苏丹博尔基亚登基50周年御宴。

10月12日 马来西亚、印尼和菲律宾再次正式开展三方空中联合巡逻行动。

10月27日 纳吉布在国会提呈2018年财政预算案。

11月3日 马来西亚数字自贸区正式启动，纳吉布与“阿里巴巴”创办人马云出席启动仪式。

11月5日 槟城发生严重水灾，纳吉布表示中央政府会履行责任进行帮助。

11月9日 纳吉布出席在越南岘港举行的亚太经合组织领导人非正式会议。

11月12日 纳吉布率领马来西亚代表团赴菲律宾出席第31届东盟峰会。

11月15日 纳吉布表示马来西亚与印尼准备采取联合行动，反制欧盟对棕油进口的限制。

11月23日 马来西亚与文莱达成合作，共同开采南海4片油气田。

12月12日 纳吉布赴土耳其伊斯坦布尔出席伊斯兰合作组织特别峰会。

12月15日 纳吉布赴巴林展开为期3天的访问。

12月18日 纳吉布赴斯里兰卡进行访问。

12 月 20 日　纳吉布赴马尔代夫进行访问。

12 月 22 日　纳吉布表示马来西亚坚决反对将耶路撒冷作为以色列的首都。

2018年

1 月 7 日　希望联盟公布马哈蒂尔为希望联盟的总理人选，人民公正党主席万・阿齐扎为副总理人选。

1 月 16 日　马来西亚与新加坡正式签署“马新捷运合作双边协议”。

1 月 25 日　欧盟国家驻马外交使节与马来西亚希望联盟土著团结党会长敦・马哈蒂尔等领袖见面。

1 月 26 日　纳吉布与东盟各国领袖共同受邀出席在印度国王大道举行的第 69 届共和国日阅兵仪式。

2 月 4 日　希望联盟会长马哈蒂尔表示，如果希盟能在第 14 届全国大选中获胜，他只会担任 2 年总理。

2 月 6 日　纳吉布表示马来西亚和新加坡已同意共同设立“马新市场走廊”。

2 月 7 日　马哈蒂尔表示，希望联盟若执政，将会重新检讨亏损或不利于人民的国家大型项目，其中包括东海岸铁路计划。

3 月 8 日　希望联盟宣布第 14 届全国大选竞选宣言。

3 月 12 日　以伊斯兰教党为首的“和谐阵线”宣布第 14 届全国大选竞选宣言。

3 月 17 日　纳吉布出席东盟—澳大利亚特别峰会。

4 月 7 日　国会正式解散，国民阵线推出第 14 届全国大选宣言。

4 月 8 日　马华公会公布其第 14 届全国大选宣言。

4 月 10 日　选举委员会正式宣布第 14 届全国大选的提名日在 4

月 28 日，投票日在 5 月 9 日，竞选期达 11 天。

4 月 11 日　总理办公室宣布 5 月 9 日（第 14 届大选投票日）为全国特别公共假期。

4 月 20 日　伊斯兰教党宣布在第 14 届全国大选中竞选 126 个国会议席及 332 个州议席。

4 月 23 日　纳吉布重申国阵已把承认"独中"统考事项纳入国阵竞选宣言。

5 月 9 日　马来西亚举行第 14 届全国大选。

5 月 10 日　选举结果显示，希望联盟赢得 222 个席位中的 113 席，其盟友沙巴民兴党赢得 8 席，国民阵线赢得 79 席，伊斯兰教党赢得 18 席，国家团结党赢得 1 席，另有 3 名独立人士。马哈蒂尔宣布希望联盟获胜。纳吉布表示接受大选结果。马哈蒂尔在国家王宫觐见最高元首，并宣誓就任马来西亚第 7 任总理。

5 月 12 日　新总理马哈蒂尔宣布正式委任人民公正党主席万·阿齐扎为副总理、民主行动党秘书长林冠英出任财政部长、国家诚信党主席穆罕默德·沙布出任国防部长、土著团结党主席丹斯里·慕尤丁出任内政部长。同时，马哈蒂尔宣布成立国家元老理事会，由前财政部长达因、前国家银行总裁洁蒂、前国油主席哈山·玛力甘、马来西亚富豪郭鹤年、经济学家佐摩组成。

5 月 14 日　文莱苏丹博尔基亚赴马来西亚布城会见新总理马哈蒂尔。

5 月 16 日　人民公正党实权领袖安瓦尔获释出院，前往国家王宫觐见最高元首，并获最高元首特赦。

5 月 19 日　新加坡总理李显龙访问马来西亚，并与马哈蒂尔会面。

5 月 21 日　总理府成立特工队，以彻查"一个马来西亚有限公司"丑闻。

5月22日 前总理纳吉布接受反贪污委员会传召前往其总部录取口供。

5月23日 马哈蒂尔宣布解散国家教授理事会、陆路交通委员会（SPAD）、马来西亚特别事务局（JASA）和新村发展暨治安委员会（JKKKP），以节省政府开支。

5月24日 前总理纳吉布二度前往反贪污委员会录口供。

5月28日 马哈蒂尔宣布政府决定取消隆新高铁计划。

5月30日 马哈蒂尔宣布政府决定取消第三捷运计划（MRT 3）。马来西亚政府成立“希望基金”，号召人民捐款帮助国家还清债务。

5月31日 印度总理莫迪访问马来西亚，并与马哈蒂尔会晤。

6月1日 马来西亚消费税率即日起降低至0。

6月3日 国防部长穆罕默德·沙布与新加坡国防部长黄永宏举行会谈。

6月7日 前副总理扎希德会见马哈蒂尔总理。

6月10日 马哈蒂尔应《日经新闻》邀请，对日本进行工作访问，并出席第24届亚洲未来国际大会。马哈蒂尔呼吁各方重新检讨《跨太平洋合作伙伴协议》。

6月12日 马哈蒂尔表示日本承诺向马来西亚提供日元贷款。马哈蒂尔表示隆新高铁计划只是展延而非取消。

沙捞越州4个国阵成员党宣布退出国阵，组成沙捞越政党联盟。

6月18日 马哈蒂尔会见中国阿里巴巴集团创始人马云。

6月23日 民政党宣布正式退出国阵。

6月25日 马哈蒂尔表示将重新与新加坡讨论供水合约。马来西亚与澳大利亚展开首次防务合作高级联席会议。

6月28日 马哈蒂尔应印尼总统佐科邀请，赴印尼进行为期两天的官方访问。

6 月 30 日 巫统代主席扎希德在巫统党选中获胜，出任巫统党主席。

7 月 1 日 副总理万·阿齐扎赴蒙古国进行为期 4 天的官方访问，参加减少灾害风险的亚洲部长级会议。

7 月 2 日 希望联盟第二批内阁部长宣誓就职。

7 月 5 日 财政部正式暂停东海岸铁路计划和由苏里亚策略能源有限公司执行的两项油气业工程。

7 月 11 日 第 249 次"马来统治者会议"在国家王宫举行。日本外相河野太郎访问马来西亚，分别会见总理马哈蒂尔和外交部部长达图·赛夫丁。

7 月 16 日 马哈蒂尔总理与菲律宾总统杜特尔特会晤，讨论双边关系和伊斯兰极端组织（"ISIS"）等话题。

7 月 18 日 国家元老理事会主席敦·达因抵达中国与中国国务院总理李克强、外交部部长王毅会面。

7 月 23 日 马来西亚与印尼一致同意尽快划定马印两国边界的方案。

7 月 29 日 马哈蒂尔会见中共中央对外联络部副部长兼"一带一路"智库合作联盟共同理事长郭业洲。

7 月 31 日 外交部部长达图·赛夫丁会晤中国外交部长王毅。

8 月 1 日 马来西亚向中国购买的濒海任务舰在中国武汉动工兴建。

马哈蒂尔会晤中国外交部长王毅。

8 月 2 日 美国国务卿蓬佩奥赴马来西亚进行为期两天的工作访问。

马哈蒂尔会晤澳大利亚外交部长毕晓普。

8 月 3 日 马哈蒂尔会晤美国国务卿蓬佩奥。

8 月 6 日 马哈蒂尔赴日本福冈及大分县进行为期 4 天的工作访问。

8月17日 马哈蒂尔应中国国务院总理李克强邀请赴华进行为期5天的国事访问。

8月20日 马哈蒂尔会晤中国国家主席习近平、国务院总理李克强，两国发表《联合声明》。

8月21日 马哈蒂尔正式宣布取消东海岸铁路计划和2项油气管道计划。

8月30日 经济事务部长阿兹敏赴新加坡与其基础建设统筹部长兼交通部部长许文远就隆新高铁项目进行讨论。

9月1日 经济事务部举办“2018年土著与国家未来大会”。

9月2日 马哈蒂尔赴文莱进行为期2天的官方访问。

9月3日 经济事务部长阿兹敏表示，马来西亚和新加坡政府已经达成协议同意展延隆新高铁项目。

马哈蒂尔表示两年内将总理职位交予安瓦尔。

9月15日 巫统主席扎希德表示巫统已与伊斯兰教党达成共识并以反对党盟友的身份共同合作。

马来西亚印度人国大党表示已正式与伊斯兰教党缔结合作关系。

9月21日 马哈蒂尔赴英国开始第一阶段访英行程。

9月24日 马来西亚与澳大利亚联合进行第11次“赤背蜘蛛”行动。

9月26日 马哈蒂尔赴美国进行为期3天的访问。

9月28日 马哈蒂尔在联合国发言批评强国造成全球贸易不对等。

9月29日 马哈蒂尔赴英国开始第二阶段访英行程。

巫统召开第72届巫统大会。

10月9日 副总理万·阿齐扎赴印尼进行为期1天的工作访问。

10月11日 马哈蒂尔赴印尼巴厘岛出席东盟领导人聚会。

10 月 15 日 人民公正党候任主席安瓦尔正式宣誓出任波德申区国会议员。

10 月 16 日 马哈蒂尔表示希望重新启动新加坡—马来西亚“弯桥计划”。

10 月 19 日 国防部长穆罕默德·沙布赴新加坡进行介绍性访问，会晤其国防部长黄永宏。

10 月 24 日 人民公正党候任主席兼波德申区国会议员安瓦尔赴北京进行访问，并与中国外交部部长王毅会面。

11 月 2 日 希望联盟政府宣布 2019 年财政预算案。

11 月 4 日 魏家祥在马华公会党选中获胜，出任总会长。

11 月 5 日 马哈蒂尔赴日本展开为期 3 天的官方访问。

11 月 12 日 马哈蒂尔应李显龙总理的邀请，赴新加坡进行为期 2 天的官方访问。

11 月 14 日 马哈蒂尔在出席东盟峰会期间会晤俄罗斯总统普京。

11 月 15 日 马哈蒂尔向美国表示，禁止战舰在东盟水域出现，只允许小船进入。

11 月 17 日 人民公正党主席万·阿齐扎辞去主席职务，转任该党顾问理事会主席。阿兹敏出任人民公正党署理主席。

11 月 21 日 应马哈蒂尔的邀请，巴基斯坦总理伊姆兰·汗赴马来西亚进行为期两天的官方访问。

11 月 23 日 总理办公室发表文告称政府将不会签署《消除一切形式种族歧视国际公约》（ICERD）。

12 月 4 日 马来西亚延长柔佛港口界限引发马来西亚与新加坡的领海纠纷，两国互相指责对方侵犯本国主权及国际法。

12 月 6 日 应马哈蒂尔的邀请，卡塔尔国王塔米姆·哈迈德赴马来西亚进行为期 3 天的官方访问。

12月8日 反《消除一切形式种族歧视国际公约》集会在吉隆坡举行。

12月18日 巫统主席扎希德宣布告假，将党主席职务交由署理主席穆罕默德·哈山代理。

Abstract

Malaysia is an important country in Southeast Asia. Since its inception in 1946, the ruling coalition (the Alliance before 1974, and Barisan Nasional after 1974) led by UMNO (United Malays National Organization) has taken power for more than 60 years in Malaysia. After 1974, the political party system with the Barisan Nasional as its core gradually consolidated, and the political democracy with Malaysian characteristics was taken shape. UMNO has thus become the most influential party in Malaysia, but the UMNO dominated political system has sparked widespread debate. Since the 1990s, opposition coalitions, such as the Alternative and the Pakatan Rakyat, have emerged, fighting against the Barisan Nasional. The rise of the opposition brought greater pressure on UMNO. In October 2003, after the strong leader Dr. Mahathir stepped down, the role of the opposition became prominent. The two general elections in 2008 and 2013 showed that the vote rate and the number of seats in Dewan Rakyat won by Barisan Nasional were unprecedentedly decreased, making the 2018 elections the focus of world attention. After 2015, with the exposure of "One Malaysia Development Berhad" scandal, the domestic political struggle has intensified, the ruling and opposition parties have divided and the new opposition alliance called Pakatan Harapan was established. Prime Minister Dato Seri Najib faced the severe challenge. Since 2017, the competition between UMNO and the Pakatan Harapan has become increasingly fierce. The opposition finally won the general election in 2018, and UMNO taking power for more than 60 years fell down. Tun Dr. Mahathir was reelected as Prime

Minister of Malaysia. This is the first time for Malaysia to change its ruling party in history, which has undoubtedly raised concerns about China-Malaysia relations.

For China, Malaysia is one of the most important strategic partners in Southeast Asia. Since the establishment of diplomatic relations in 1974, China and Malaysia has comprehensively strengthened cooperation in various fields including politics, economy, security, and society. In 2013, the relationship between China and Malaysia upgraded to a comprehensive strategic partnership. From then on, the two countries have made much progress under the "Belt and Road Initiative". Major projects such as Kuantan Industrial Park, Qinzhou Industrial Park, East Coast Railway, Southern Railway and Malacca Gateway become important signs of China-Malaysia friendly cooperation. China-Malaysia relations are a model for cooperation between China and neighboring countries. However, the fall of UMNO has brought new changes to China-Malaysia relations. What the Malaysian new government policy will be becomes a major strategic issue. This book focuses on the development of Malaysia's domestic politics, economy, security, diplomacy, social culture, and China-Malaysia relations. It explores the new situation and changes in Malaysia's internal affairs and diplomacy since 2017. It will try to forecast the prospects of Malaysian situation and the China-Malaysian relationship.

The book is divided into General Report, Topical Reports, Special Reports, China-Malaysia Relations, Expert Forum and Appendix. The General Report describes the general trends and characteristics of Malaysia's political, economic and diplomatic development since 2017. The Topical Reports analyze the politics, economy, and diplomacy in Malaysia. The Special Reports discuss the tourism industry in Malaysia and Malaysia's ethnic politics. The Chapter of China-Malaysia Relations cover China-Malaysian relationship. The Expert Forum shows some experts perception on Malaysia politics and society as well as bilateral cooperation. The

Appendix includes the key events occurred in Malaysia since 2017.

Keywords: Malaysia; Political and Economic Situation; General Election; China-Malaysia Relations

Contents

I　General Report

Abstract: The year of 2017 is a crucial year in Malaysian history. The ruling and opposition parties fought fiercely around the 2018 general election. Prime Minister Dato Seri Najib strongly suppressed the dissidents within the party, further consolidated his leadership position in UMNO. The opposition parties led by the former Prime Minister Tun Dr. Mahathir made great efforts to pressure Najib, targeting the 2018 general election. On May 9, 2018, the Pakatan Harapan led by Mahathir eventually won 113 parliamentary seats and defeated the ruling coalition Barisan Nasionalled by Najib. For the first time in the history of Malaysia, the ruling party has changed.

Keywords: Malaysia; Election; Change of Ruling Party

Ⅱ Topical Reports

B. 2 Malaysia's Political Parties and Its Development

Fu Congcong, *Chen Rongxuan* / 021

Abstract: In 2017, the political situation in Malaysia was very tense. The ruling and opposition parties actively prepared for the general election, and political issues emerged one after another. Both ruling and opposition parties split and the political alliance between the East Malaysia and West Malaysia parties was constantly reorganized. The "Barisan Nasional" consolidated its power base, and responded to the challenge of the new opposition coalition "Pakatan Harapan". The new opposition alliance is a strong power against the Barisan Nasionaldominated ruling coalition.

Keywords: Malaysia; Political Situation; Ethnic Division; Opposition Party Reorganization; Pakatan Harapan

B. 3 Malaysia's Economic Situation *Kong Tao* / 049

Abstract: In 2017, Malaysia achieved impressive overall economic growth, at annual rate of 5. 9%, with strong domestic demand, exports, low inflation and flexible exchange rate. The monetary policy was moderate and the risk of a sharp decline in the financial cycle was reasonably low. During this year, Malaysia's fiscal policy was oriented around risk control while fiscal deficit and central government debt were further contained. In the year of 2018, driven by robust growth in service and manufacturing sectors, Malaysia continued with its growth momentum despite of some degree of moderation. Overall, Malaysia is making meaningful efforts to improve productivity by enhancing infrastructure, human capital and R&D. Through a series of structural reforms, Malaysia is on its path towards breaking free from the "middle income trap" in the near future.

Keywords: Malaysia; Economic Growth; Middle Income Trap

Abstract: Malaysia achieved a political rotation in May 2018. This article mainly analyzes the diplomatic direction and situation of the Malaysian government in the past year and discusses the foreign policy and direction of the new government. In 2017, Malaysia continued to develop friendly and cooperative relations with China, and paid attention to maintaining an "equal distance" diplomatic balance with major powers. After the rotation of the regime, Mahathir adjusted Malaysia's foreign policy and China-Malaysia relations were affected to some extent. At the same time, Malaysia has also weakened its participation in the Islamic world and re-emphasized the role of ASEAN, but still maintains a certain distance from the United States.

Keywords: Najib; Mahathir; Diplomacy; China-Malaysia Relations; Malaysia-American Relations

Ⅲ Special Reports

Abstract: The government-led tourism development in Malaysia developed so rapidly in the past half century. At present, the tourism, accounting for 14. 8% of GDP, and providing 22. 7% of jobs, has become an important pillar for Malaysia's economy, and Malaysia becomes one of the most famous tourist destinations in the world. With the introduction of guiding tourism development plans and some related policies and regulations, Malaysia tries to accelerate the special tourism like medical tourism, educational tourism and eco-tourism to realize economic transformation and solve the imbalance problem in social development.

Keywords: Tourism; Medical Tourism; Eco-Tourism; Tourism Competitiveness

Abstract: Pakatan Harapan made a promise during the election campaign that the Convention on the International Elimination of All Forms of Racial Discrimination (ICERD) will be signed if it wins the election. However, from September to November 2018, the Pakatan Harapan government decided not to sign the convention after ruling the country, which vividly reflects the complexity and long-term nature of ethnic politics in Malaysia. Under the strong pressure, the new government of Malaysia tried to eliminate racial politics. But, the identity politics is deeply rooted and there is still a long way to go before it is completely changed.

Keywords: Mahathir; Pakatan Harapan; International Convention; Race Politics

Ⅳ China-Malaysia Relations

Abstract: 2017 is another harvest year for China-Malaysia relations. Under the Belt and Road Initiative, China and Malaysia cooperation has achieved great success in various fields. The relationship between the two countries is moving from the "golden age" to the next "diamond era". In spite of fruitful achievement, China and Malaysia witness some problems and potential risks, affecting the future bilateral relations. But on the other hand, the two countries have also got enormous opportunities for development in economic, political, cultural and security fronts. It is believed that on the basis of correctly recognizing differences, seeking complementarities and maintaining sustainable development, the two countries will continue to maintain bilateral cooperation, which will benefit the region and the world.

Keywords: China-Malaysia Relationship; Politics; Economy; Cultural Exchange

Abstract: Malaysia is the key nation for Chinese FDI. Since Tun Dr. Mahathir took office in May 2018, some Chinese infrastructure programs have been cancelled or delayed. Thus, the implementation of the

Belt and Road Initiative in Malaysia drew the world attention. The paper has analyzed 85 articles in 4 Malaysian mainstream media. We find that the media reports on Belt and Road Initiative in Malaysia are generally positive. Most of them are related to economic cooperation, few to people to people contact, and the reports on religious issues are sensitive.

Keywords: Belt and Road Initiative; Malaysia; Mainstream Media

Abstract: On April 12, 2019, after 10 months of negotiations, Malaysia and China agreed to restart the East Coast Rail Link (ECRL) project. Due to the change of government in Malaysia, the ECRL has undergone a process of review, suspension and renegotiation. Fortunately, with the efforts of both countries, the ECRL, in the end, was successfully restored. The article will summarize the attitude of the Pakatan Harapan to the ECRL before and after the 14th general election, and try to make recommendations for China and Malaysia to further promote infrastructure cooperation.

Keywords: ECRL Infrastructure; Infrastructure Construction; China-Malaysian Relations

Ⅴ Expert Forum

Abstract: Boya Workshop is one of the regular academic activities held by Institute of Area Studies at Peking University. The Workshop, held on September 25, 2018, invited more than 10 scholars and experts to discuss about Malaysia's Political Transformation in 61 Years. Talking profoundly about the root cause and driving force leading to the political transformation, the participants tried to predict what Malaysia's political situation will be. Most of them believed that only a few experts in China understand Malaysia, but their perspective failed to give it to the public. The questions put forward by the experts is worthy of more research and much attention.

Keywords: Malaysia; Political Transform; China-Malaysia Relations

Ⅵ Appendix

皮书起源

“皮书”起源于十七、十八世纪的英国，主要指官方或社会组织正式发表的重要文件或报告，多以“白皮书”命名。在中国，“皮书”这一概念被社会广泛接受，并被成功运作、发展成为一种全新的出版形态，则源于中国社会科学院社会科学文献出版社。

皮书定义

皮书是对中国与世界发展状况和热点问题进行年度监测，以专业的角度、专家的视野和实证研究方法，针对某一领域或区域现状与发展态势展开分析和预测，具备原创性、实证性、专业性、连续性、前沿性、时效性等特点的公开出版物，由一系列权威研究报告组成。

皮书作者

皮书系列的作者以中国社会科学院、著名高校、地方社会科学院的研究人员为主，多为国内一流研究机构的权威专家学者，他们的看法和观点代表了学界对中国与世界的现实和未来最高水平的解读与分析。

皮书荣誉

皮书系列已成为社会科学文献出版社的著名图书品牌和中国社会科学院的知名学术品牌。2016 年，皮书系列正式列入“十三五”国家重点出版规划项目；2013~2019 年，重点皮书列入中国社会科学院承担的国家哲学社会科学创新工程项目；2019 年，64 种院外皮书使用“中国社会科学院创新工程学术出版项目”标识。

中国皮书网

（网址：www.pishu.cn）

发布皮书研创资讯，传播皮书精彩内容
引领皮书出版潮流，打造皮书服务平台

栏目设置

关于皮书：何谓皮书、皮书分类、皮书大事记、皮书荣誉、
皮书出版第一人、皮书编辑部

最新资讯：通知公告、新闻动态、媒体聚焦、网站专题、视频直播、下载专区

皮书研创：皮书规范、皮书选题、皮书出版、皮书研究、研创团队

皮书评奖评价：指标体系、皮书评价、皮书评奖

互动专区：皮书说、社科数托邦、皮书微博、留言板

所获荣誉

2008 年、2011 年，中国皮书网均在全国新闻出版业网站荣誉评选中获得“最具商业价值网站”称号；

2012 年,获得“出版业网站百强”称号。

网库合一

2014 年，中国皮书网与皮书数据库端口合一，实现资源共享。

S 基本子库
UB DATABASE

中国社会发展数据库（下设 12 个子库）

全面整合国内外中国社会发展研究成果，汇聚独家统计数据、深度分析报告，涉及社会、人口、政治、教育、法律等 12 个领域，为了解中国社会发展动态、跟踪社会核心热点、分析社会发展趋势提供一站式资源搜索和数据分析与挖掘服务。

中国经济发展数据库（下设 12 个子库）

基于"皮书系列"中涉及中国经济发展的研究资料构建，内容涵盖宏观经济、农业经济、工业经济、产业经济等 12 个重点经济领域，为实时掌控经济运行态势、把握经济发展规律、洞察经济形势、进行经济决策提供参考和依据。

中国行业发展数据库（下设 17 个子库）

以中国国民经济行业分类为依据，覆盖金融业、旅游、医疗卫生、交通运输、能源矿产等 100 多个行业，跟踪分析国民经济相关行业市场运行状况和政策导向，汇集行业发展前沿资讯，为投资、从业及各种经济决策提供理论基础和实践指导。

中国区域发展数据库（下设 6 个子库）

对中国特定区域内的经济、社会、文化等领域现状与发展情况进行深度分析和预测，研究层级至县及县以下行政区，涉及地区、区域经济体、城市、农村等不同维度。为地方经济社会宏观态势研究、发展经验研究、案例分析提供数据服务。

中国文化传媒数据库（下设 18 个子库）

汇聚文化传媒领域专家观点、热点资讯，梳理国内外中国文化发展相关学术研究成果、一手统计数据，涵盖文化产业、新闻传播、电影娱乐、文学艺术、群众文化等 18 个重点研究领域。为文化传媒研究提供相关数据、研究报告和综合分析服务。

世界经济与国际关系数据库（下设 6 个子库）

立足"皮书系列"世界经济、国际关系相关学术资源，整合世界经济、国际政治、世界文化与科技、全球性问题、国际组织与国际法、区域研究 6 大领域研究成果，为世界经济与国际关系研究提供全方位数据分析，为决策和形势研判提供参考。

法律声明